「人の役に立つ12の資質」から
自分の強みがわかる

「向いてる仕事」を見つけよう

著 トム・ラス　訳 児島修

ダイヤモンド社

LIFE'S GREAT QUESTION

by

Tom Rath

First published in 2020 by Missionday LLC.
Japanese translation rights arranged with Missionday LLC, Nebraska,
c/o Nordlyset Literary Agency, Minnesota, through Tuttle-Mori Agency, Inc., Tokyo.

「向いてる仕事」を見つけよう　目次

第Ｉ部　「向いてる仕事」とは何か

第1章　誰かの役に立っていると、人は幸せになれる

第2章

「仕事の目的」次第で人生の幸福度が変わる

第3章

どんな仕事も、誰かを幸せにする

第4章

「最高の職場」を手に入れる方法

第5章 「人の役に立つ」範囲で、「自分の強み」を見つける

第6章 「自分は何をしたいか」よりも大切な質問

第II部 人の役に立つ12の資質

第7章 「創造する力」で貢献する

第8章 「関係づける力」で貢献する

第9章

「実行する力」で貢献する

第 I 部

「向いてる仕事」とは何か

「あなたは他者のために何をしているか？　それが、人生で最も永続的で、差し迫った問いかけだ」

マーティン・ルーサー・キング・ジュニア牧師（アメリカ公民権運動の指導者）

第1章

誰かの役に立っていると、人は幸せになれる

若くして死ぬと告げられて

親族が集まったパーティーの席で、私は片手に野菜を載せた皿、もう一方の手にアイスティーを持って立っていた。

すると、私をめざとく見つけた遠い親戚のいとこが歩み寄ってきた。

彼女の顔は記憶にあったし、自分より一世代上の人間であることも知っていた。

だが、どうしても名前が思い出せない。

「お目にかかれて嬉しいわ、トム。あなたにも、あなたの家族にも！」

彼女は私のほうに身を乗り出すようにして言った。そして、私の妻と娘がすぐ傍に

いるのを知りながら、こう言った。

「正直に言って、私たちはみんな、あなたがこんなに長生きするとは思っていなかったの」

どう答えていいのかわからなかった。

故郷ネブラスカ州リンカーンの近くにある体育館を会場にして催されていたこの親族の集まりで、私はすでに居心地の悪さを感じていた。

いとこの言葉は確かにデリカシーを欠いていたが、本音ではあった。

私は16歳の時、医師から重度の疾患を招く稀な遺伝子変異があると告げられた。

複数の臓器にがんが発生する恐れがあるという。

実際、1年もしないうちに大きな腫瘍ができ、私は片目の視力を完全に失った。

医師からは、腎臓から脊椎に至る身体のさまざまな場所にがんが転移するのは間違いないと言われた。

このがんとの闘いを続けながらどれくらい私が生きられるのか、どの医師にもわからないようだった。

自分があとどれくらい生きられるのかが知りたくて、ありとあらゆる情報を調べた。同じ突然変異を持つ同世代の人間の平均寿命は約40歳。統計によれば脊髄腫瘍が最も身体を衰弱させるが、命に関わる確率がいちばん高いのは腎臓がんだった。

医師の予告どおり、私はこの25年間を、膵臓がんや副腎腫瘍、腎臓がん、複数の脊椎腫瘍との闘いに費やしてきた。

死を意識しながら生きると、人として成長できる

いきなり個人的な話から始めたのには、2つの理由がある。

私は、若くしていつ命を失うかもしれない特殊な状況に置かれていたため、限りある時間を最大限に活かさなければならない切実な感覚を持って生きてきた。

このことがとても有意義で価値あるものであると伝えたいのが1つ目の理由だ。**私は本書を通して、時間を大切にして生きるという感覚を、読者にもぜひ育んでもらいたい**と考えている。

人生の残り時間があとどれくらいなのかを正確に知っている人などいない。

医師の診断を受けてから25年以上が経過し、他人に言わせれば「借り物」のような時間を生きる中で、学んだことがある。

それは、**死を意識しながら日々を過ごすと、時間はもっと価値のあるものになる**ということだ。

最近の研究によれば、がんと闘う子どもたちは、そうでない子どもたちと比べ、さまざまな側面において人間的に強くなるという。

特に12歳以降にがんを患い、生き延びた人は、専門用語で「心的外傷後成長」と呼ばれるプロセスを経験しやすくなる。

心に負った傷を乗り越え、人として成長するのだ。

なぜこのようなことが起こるのか。

18件の研究を対象にしたレビュー論文によれば、人は死を意識することで、生きていることへの感謝の気持ちが高まり、早い段階でしっかりとした価値観が形成されるようになるという。

また、人生の意味についても深く考えるようになり、他者との絆も強まる。

私自身が実体験から学んだように、人は人生の短さを考えることで、世の中に大きな意味を見出すようになるのだ。

若い頃の私は、現在の自分の年齢まで長生きできるとは思っていなかった。

それでも、病気を体験したことで、今では考え方が変わった。

人生が永遠に続くような感覚で日々を過ごすのは、誰にとっても最善の生き方ではないと信じるようになったのだ。

人は自分の時間が有限だと考えることで、日々を充実させられるようになる。

あなたは何で定義されるべきか

本書を自分の病気の話から始めた2つ目の理由は、世間一般の「仕事」のとらえかたについて、最近になってさまざまな疑問を持つようになったからだ。

私は、誰もが生涯にわたって、仕事を通じてできる限り世の中に貢献するには、どうすればよいかを考え続けてきた。

そして、長年に及ぶ膨大な研究と探究の成果として、次のような考えを持つに至った。

それは、「現代人は、人生の大半を捧げる仕事というものに対して、まったく新しい見方が必要だ」ということだ。

現在、世の中で主流になっている「仕事の経歴をまとめる方法」は、まったく不十分だ。

履歴書は、無味乾燥で生気が感じられない、人の個性を押しつぶすような非人間的な方法で書かれている。

本書ではこれから、私たちの仕事への新しいとらえ方について説明していく。

「仕事とは何か」について考えるとき、次のように根本から発想を変えるべきだ。

「あなたは、あなたがしていることで定義される」

↓

「あなたは、どのように誰かの役に立っているかで定義される」

この発想の中心にあるのは、「自分の能力をどのように活かせば、生涯にわたって世の中に価値のある貢献ができるか」を考えることだ。

実際には、私たちは仕事を通じて、日々世の中に小さな貢献をしている。

しかし、その日々の仕事が、自分よりもはるかに大きいものに対して、よい影響を与えていると実感するのは簡単ではない。

だからこそ私たちには、こうした貢献を長期的な視点でとらえ、表現するための新しい言葉が必要になる。

本書を読めば、強みを最大限に活かして世の中に貢献できる

私のチームは、新しいウェブサイトを開発した。

その目的は、誰もが自分の強みを最大限に活かして世の中に貢献できるようにすることだ。

このウェブサイト「Contribify（コントリビファイ）」と本書を読めば、現時点の自分を形づくっている経験や役割を整理・分類でき、どのような能力を活かせば、世の中に最大限の貢献ができるかが明確になる。

得た情報を活用し、毎年更新を重ねていけば、仕事で大きな成功を収め、充実感が得られるようになるはずだ。

本書とウェブサイト「Contribify」の目的は、あなたが持つ特性を十分に活かすことで、あらゆる努力を最小限の労力で行えるようにし、組織やチーム、身近な人に対

して最大限の貢献ができるようにすることだ。

このプラットフォームで入手できるさまざまなデータを活用し、自分が成功しやすく、充実感を高めやすい領域はどこかを理解するのに役立ててほしい。

「自分の強み」をベースにしたポートフォリオを絶えず刷新することで、人生は飛躍的に豊かなものになるだろう。

「弱みを克服すること」ではなく、「強みを活かすこと」に時間を投資する

「強みに投資する」ということの基本的な考え方は、私が仕事を始めたときからあったものだ。

20年前、私は祖父のドン・クリフトンとともに、誰もが自分独自の強みを見つけられるプログラム「ストレングスファインダー」の最初のバージョンの開発を始めた。

2004年には、「強み心理学」と「ポジティブ心理学」から得た学びのエッセンスをまとめた書籍『心のなかの幸福のバケツ』(高遠裕子訳、日本経済新聞出版、2005年)を2人で執筆した。

さらに、これに続く『さあ、才能《じぶん》に目覚めよう　新版　ストレングス・ファインダー2・0』（古屋博子訳、日本経済新聞出版、2017年）と『ストレングスリーダーシップ　さあ、リーダーの才能に目覚めよう』（バリー・コンチーとの共著、田口俊樹・加藤万里子訳、日本経済新聞出版、2013年）は大ベストセラーとなり、世界中の多くの人が自分の持って生まれた才能を見つけるのに役立ってきた。

現在では、合計で2000万人以上がこの自己評価テストを受け、自己成長のための出発点として活用している。

職場やプライベート、学校などで、「ストレングスファインダー2・0」をはじめとする自己評価テストをしたことがある人は多いはずだ。

これらのテストは基本的に、自分の才能や能力を調べることを目的にしている。

だが私たちは今、このような自分のパーソナリティを知るためのテストを超え、人生の大きな目的は何かを探るために、外に目を向けるべきときを迎えている。

人間の成長にとっての最終的な目標とは、自分のためではなく、他者のために何かをすることだからだ。

どんな才能も、人の役に立たなければ評価されない

「人は、なりたい誰かになることはできないが、もっと自分らしくあることはできる」

これは、私がこれまでに書いてきた言葉の中で、最もよく引用される一節だ。

しかし、私の現在の考えを十分に表してはいないし、誤解を招く恐れすらある。

「人は、なりたい誰かになることはできない」という部分については、以前にも増して確信を深めている。

だが、「もっと自分らしくあることはできる」という部分は、今の私の考えを十分に伝え切れていない。

私がこの言葉を書いたときを振り返ると、「自分らしくあること」とは、利己的な考え方を意味していた。

私たちにとって、持って生まれた才能は、よりよい人生を歩むための最善の道具に

なる。

だが、その**才能が最大の価値を生み出すのは、自分のためだけではなく、外の世界に向けて使われたときだ。**

「なりたい誰かになること」も、「もっと自分らしくあること」も、他者が求めていることにつながらない限り、社会的に価値を与えられない。

つまり、**あなたの強みや努力は、世の中に具体的に貢献できてこそ、はじめて大きな価値に結びつく。**

人間を成長させる問いかけ

しかし、**私たちは日々の生活に追われ過ぎていて、どうすれば周りの組織や家族、社会にもっと貢献できるか、じっくり考えるのを後回しにしている。**

これは大きな過ちだ。

今日という日はあっという間に過ぎていく。そして気がつけば、数カ月、数年、数十年という月日が流れ、世の中に有意義で価値のある貢献をする機会を逃してしまうのだ。

もちろん、自分の生まれ持った特性や、向き不向きを知ることはとても大切だ。

しかし、それはあくまでも出発点にすぎない。

どんな才能も、モチベーションもハードワークも、もしそれが人の役に立たないものであれば、評価もされないし、記憶されることもない。

「人生で大切なのは、自分のことばかり考えることでも、金持ちになることばかり考えることでもない」という考えに同意しない人はめったにいないだろう。

人生で大切なのは、誰かのためになるものをつくりだすことであり、他人の生活をよくすることに労力を捧げることだ。

自分がこの世にいなくなったあとも、社会のためになり続けるような何かに取り組むことだ。

人は永遠に生き続けられないが、あなたの貢献は生き続ける。

1957年にアラバマ州モンゴメリーで行われた演説の中で、若きマーティン・ルーサー・キング・ジュニア牧師は、「人生で最も永続的で、差し迫った問いかけ」とは「他者のために何をしているか」だと述べた。

その時まだ29歳だったキング牧師は、39歳で暗殺されるまで、人生の残りの10年間のほとんどの時間を、この質問に答えることに捧げた。

そうすることで、自分のためだけではなく社会に向けて日々努力することがいかに人間を成長させるかを、時を超えて示したのだ。

世の中に貢献していると、人は幸福になる

真の人間的成長とは、単に個人的な情熱の対象を追い求めるのではなく、どうすれば世の中に貢献できるかを追求することから生まれる。

「自分が世の中に貢献できることは何か」を自問するだけで、自分の成功だけを考えるよりもよい道のりを歩めるし、よい結果にもつながる。

これは仕事のみならず、人生のあらゆる場面に当てはまる。

さまざまな研究結果が、**達成感と幸福感を得るための最大の要因は「日々の努力が他者の生活をどれだけよいものにしているのかを実感すること」**だと示している。

科学者は、人間は本来、他者を志向する生き物であると明らかにしている。

これを専門用語では「向社会性」と呼ぶ。

このテーマに関する何百件もの研究を調査したトップクラスの研究者によれば、**有意義な人生の特徴とは、「他者と深くつながり、自分を超える大きな何かに貢献していること」**だと定義している。

「日々の仕事を通じて人々の暮らしに有意義な貢献をしている」と実感することで、仕事の成果は上がり、健康と幸福度も高まる。

とても小さくても、寛大な行為をすると、私たちの脳には変化が起こり、幸福感を覚えることがわかっている。

仕事を通じて誰かの役に立つ（向社会的な）行為をする度に、「与える側」「受けとる側」「組織全体」すべてにメリットをもたらすよいエネルギーが生まれる。

考えてみてほしい。

日々の仕事には、あなたの健康や幸福度を「高める」力があるのだ。

さらに、家族や友人との関係をよりよいものにするための力さえある。

誰もが直感的にこのことを理解しているのではないだろうか。

だからこそ**私たちは、社会に貢献していることを十分に実感できないとき、「本当はもっと世の中の役に立てるはずなのに」というフラストレーションを抱えてしまう**のだ。

葬式で数え切れない人から感謝を述べられた親友

本書の執筆中、親友だった同僚が亡くなった。

心臓に病気を抱え、心臓移植の手術をしたが、その後にがんとなり、長い闘病生活の末に天国に旅立った。

通常なら、愛する人、尊敬する人の葬儀に出席することほど気が滅入ることはない。

だが、今回は違った。それは彼の生き方の結果だった。

その友人、マーク・ポーグが他界する数カ月前、私は彼に言葉を贈った。それは、彼が私の人生やキャリア、家族に与えた大きな影響を詳しく書いたものだった。

彼が亡くなる数週間前にも、マークとその妻、娘、両親と一緒に彼の57歳の誕生日を祝う機会に恵まれた。

夕食どきにはみんなでテーブルを囲み、マークの妻が紙に書いた彼についての質問に答えた。

この時、私はマークに「君のおかげで2人の子どもたちにとってよい父親になれた」と礼を伝えることができた。

彼から家族や子育て、人生を楽しむことについて多くを学べたからだ、と。

傍にいたマークの娘たちにも、彼女たちの成長を見守ったことが私たち夫婦の子育てにおおいに役立ったという話を聞かせることができた。

その日の夜、マークに「君は57年間で、人の何倍もの人生を生きた」と伝えた。

マークの仕事のおかげで、数え切れないほど多くの学生が、持って生まれた才能が何かを1年生の段階で理解できるようになった。

数千人の大学生や、マークが関わっていた「ヤングライフ」という組織にいた人も、彼の教えや指導から直接的な恩恵を受けていた。

マークの人生は、家族や地域社会、会社、学校、信仰に貢献する人生だった。

その57歳の誕生日の夜は、病魔と闘う彼のことを思うと時々悲しい気持ちにもさせられたが、深い意味を持つものでもあった。

私はこの経験から、大切な人たちがまだ生きているうちに、その人の人生や、世の中に貢献してきたことを祝っておくべきだと学んだ。

私たちはもっと人生を祝福すべきだ。その人が死期を迎えたことを知る前に。

死してなお、人は世の中によい影響を与えられる

その記念すべき夕食会の数週間後、マークは自宅で家族に見守られながら息を引き取った。

追悼式は、決して忘れられないものになった。

参列者からの弔辞やお悔やみの言葉はすべて、マークのおかげでよりよい人生を送れるようになったという感謝を伝えていた。

大学の教え子たちは、マークのおかげで専攻テーマを見つけ、研究者としての道を歩む決意ができたと語っていた。

誰もが、「マークの尽力が多くの人の生き方によい影響を与え、これから何世代にもわたって持続していくだろう」と話していた。

友人や家族、同僚、学生たちの話を聞いていると、はっきりとわかることがあった。マークの貢献は、1人の人間の寿命をはるかに超えて、これからも世の中によい影響を与えていくだろうということだ。

私はこれこそが、誰もが目指すべき人生だと信じている。

すなわち、自分の死後も、いつまでも世の中によい影響を与え続けるような貢献こそが、私たちが生きているうちにすべきことなのだ。

誰もが、今日という日を生きている。

今日という日があれば、自分の人生が終わってもなお、他者の人生によい影響を与え続ける何かに投資ができる。

今日を逃してしまうと、また明日が来る保証はない。

マークが教えてくれたように、「私は今、世の中にどのような貢献をしているのか」と問いかけることが、人生を超えて生き続ける何かを生み出すことにつながるのだ。

人生とは何かを得る場所ではなく、何かを捧げる場所なのである。

第2章

「仕事の目的」次第で人生の幸福度が変わる

吐き気を覚えてまで、仕事に行きたいか

金のやりとりがないと相手に何もしないというのなら、それはパートナーシップでも人間関係でもなく、単なる経済的な取引にすぎない。

誰も、給料のためだけにひたすら働き続けなければならない理由などない。

確かに、長い人生の中では、「お金を稼ぐこと」を優先させなければならない時期もあるだろう。

だが、ずっとそうである必要はない。

誰にでも、お金のためだけではなく、「もっと大きな何かのために働いている」という実感を持ちたいと思うときがあるはずだ。

社会人になりたての20代の頃、妻の祖父から、「人は誰でも生きるために働いている。働くために生きている人などいない」という古い格言を聞かされた。

年月が流れ、祖父は他界した。

妻に、その経歴や人柄について詳しく尋ねてみた。

祖父は、生涯を通じて、軍の基地で民間のエンジニアとして働いた。

仕事は好きではなかった。毎朝、出勤するのが嫌で吐き気を覚えていたという。

だが、厳しい大恐慌時代を生き抜いた人の大半がそうだったように、愛する家族を養うために歯を食いしばって職場に向かった。

その話を聞いて思った。「生きるために働く」という哲学を持つことは、世の中のほとんどの人が、会社で働くのが当たり前になっていく時代ならよかったのかもしれない。

だが、現代人にとって仕事とは何かについて真剣に考えたとき、それがさまざまな意味で古くなっていることがわかるはずだ。

つらい仕事は「人の寿命」を縮める

現代に生きる私たちにとって、仕事は人生を豊かにするものであるべきだ。働き、キャリアを築き、天職にめぐりあい、大きな目的のために仕事をすることによって、人生はさらに実りあるものになる。

時代は変わった。現代に生きる私たちは、そのような仕事を手にしてもよいはずだ。

「仕事とは何か」について新しい考え方を持てば、仕事を通じて世の中に貢献するための自分なりの方法を見つけやすくなる。

まずは、仕事についての考え方を変えることから始めてみよう。

自分が日々、どのように仕事と向き合っているかを改めてとらえ直してみる。

日々の仕事を、「単なる仕事」以上のものにするためには、どうすればよいのだろうか？

現代人は、仕事を「しなければならないこと」だと見なしている。

だが、その考えは根本的に間違っている。

「会社で働くと健康や幸福度に悪い影響が生じる」という研究結果さえある。

人々が日常的に関わっているさまざまな活動において、どれくらい幸福度を体感しているかを調べた研究によれば、39の活動のうち、働いているときよりも幸福度が低いと評価されたのはたった1つ、「病気になって寝ているとき」だけだった。


仕事は本来、働く人を幸せにすべきものだ。にもかかわらず、現実には人をひどく苦しめている。


過去10年、この問題は熱心に研究されてきた。

長年スタンフォード大学教授を務めている私の友人ジェフリー・フェファーも、最近、職場がいかに働く人の健康を害するかを詳しく考察した『ブラック職場があなたを殺す』（村井章子訳、日本経済新聞出版、2019年）という本を出版した。

私も、これまでのキャリアを通じてこのテーマを研究し続けてきた結果、「つらい仕事は人の寿命を縮める」と確信している。

劣悪な環境での仕事は、人の健康にとって失業より有害であることを示す研究結果もある。

仕事に「お金を稼ぐ」以上の目的がある人は、収入が高い

私たちは、仕事についての基本的な考えを進化させるべきだ。

仕事とは、人間味のない「業務」のことだけではない。

人は働くことを通して、「給料をもらうためだけに与えられた仕事をこなす」以上の何かができる。

仕事はもっと豊かなものになりうるのだ。

仕事は、「他者のために何かをしよう」というキング牧師の呼びかけに応える絶好の機会になる。

給料のためだけに働くのではなく、仕事を通じて人々の暮らしをよりよくすること

を考える。

これは、実際に多くの人が心の底で望んでいることだ。

私は2017年、1099人を対象にした調査で、「自分が人や社会のためにした貢献」と「自分が稼いだ富」のどちらで他者の記憶に残りたいかを尋ねた。回答者の約9割にあたる960人が、貢献で記憶されるほうがよいと答えた。

つまり、**ほとんどの人は誰かの役に立ちたいと思っているし、そのことによって記憶されたいと願っている。**

それなのに、なぜ普段、お金を稼ぐ手段としてしか仕事を見ようとしないのか？

お金を稼ぐことを重視している人でも、仕事を通じて誰かにもたらしている価値に目を向けることには大きな意味がある。

約9年間にわたって4660人を追跡した長期的研究によれば、**社会人1年目の時点で、収入を得ること以上に大きな目的意識を仕事に持っていた人は、時間が経つにつれて収入と資産が増えていた。**

そう、仕事に目的意識を持っていた人は、人生の満足度や社会的地位などに関わりなく、9年後に収入が増えていたのだ。

つまり、「日々の仕事を通じて世の中の役に立つことをしたい」という目的意識を持つことで、収入は上がりうるし、またそうでなければならない。

だからこそ、誰もが仕事で社会に貢献するための自分なりの最適な方法を見つけるべきだ。

それは個人だけでなく、組織にとってもよいことになる。

現代人は「仕事の相性」よりも「給料」を気にする

しかし、現代では個人と組織の関係は大きく壊れている。

問題の根本は、現代人が仕事にあまり大きな期待をしていないことにある。

私たちは学校に通い、高収入が得られる業界に就職するための知識や技能を身につけようとする。

その仕事が自分の特性や好みに合うかどうかは特に気にしない。
とにかく給料がよいことを優先して就職し、働き始める。それ以上のことはあまり深く考えない。

日々の仕事を通じて、世の中や身のまわりの人にどう貢献できるかがようやく気になるのは、たいてい働き始めて数年後（時には数十年後）のことだ。

だが、**「仕事を通じてどう社会に貢献できるだろう」と自問するのに、定年まで待つ必要はない。**

とても大切なこの問題について考え始めるのは、できるだけ早いほうがいい。

人生と仕事の関係は、結婚や恋愛と似ている。

相手から十分なものを得られていないと感じるのなら、すぐに問題を改善するか、新しいパートナーを見つけるべきだ。

仕事も同じだ。誰でも、人生を豊かにするように仕事と関わるべきだ。
そのための鍵を握るのは、日々の仕事が世の中にどう貢献しているかを考えながら、日々少しずつ軌道修正して前進していくことだ。

オンラインテストで「あなたに最適な貢献の仕方」がわかる

仕事を通じてどんなふうに世の中に貢献できるか、どのようにそれを実践するかは、自分で考える問題だ。

他の誰かがお膳立てしてくれるのを期待すべきではない。

私は約20年間、このテーマを研究するためにさまざまな組織やリーダーと関わってきた。

その経験から、「人が仕事を通じて身のまわりの人や社会に貢献し、それによって幸福度を高めることを、組織には完全には任せられない」と断言できる。

確かに経営者や管理職の中には、従業員がもっと有意義に仕事をし、それぞれの人生を充実させることを望んでいる人もいる。

だが、企業はその性質上、どうしても短期的な収益に目を向けなければならない。

従業員の幸福度を向上させることを、収益を上げることと同じくらい重視している企業はまだ少ないのが現状だ。

したがって、仕事の意義を問い直し、働き方を変えていくのは、私たち1人ひとりの努力にかかっている。

ただし、あなたはすべて自力で道を切り開いていく必要はない。

なぜなら、本書があるからだ。**本書と付随するオンラインツールの使命は、読者が仕事を通じて世の中にさらなる貢献ができるように、進むべき道と具体的なステップを示すこと**だ。

「貢献を意識して働き方を変える」というと、大変なことだと思うかもしれない。

だが、決してそんなことはない。

まずはごく小さなことから始め、時間をかけてゆっくりと意識を変えていけばいい。

自分の仕事が、誰か1人にでもよい影響を与えているのを目にすることでさえ、大きな一歩になる。

第3章 どんな仕事も、誰かを幸せにする

仕事とプライベートの両方に「目的」がある人は強い

「人は、単に働くだけではなく、人生の大きな目的を持つべきだ」と考えるだけでは、漠然としていて不十分だ。

また、大きな目的について考えるとき、私たちは現在の仕事の価値を低く見積もりがちだ。

そして、現在の仕事以外の場所に、特別な何かを探そうとする。

まるで「人生の大きな目的を感じたいのなら、今の仕事をやめてそれを実感できるような職に就くか、仕事以外の場所で有意義な時間を過ごす方法を考えなければなら

ない」とでもいうように。

もちろん、仕事以外の時間を人のために捧げるのは素晴らしいことだ。

最近の研究でも、職場以外で地域社会でのボランティア活動などの有意義な活動をしている人は、健康と幸福度が高まり、さらには仕事でのパフォーマンスも向上することがわかっている。

仕事を離れた場所で有意義な目的を持つことには、「仕事人間にならない」というメリットもある。

仕事だけを自分の心の拠り所にしていたら、その職を失った時にすべてを失ってしまう。

当然ながら、職場以外に生きがいを感じられる場所をつくることには意味がある。

それでも、それを職場以外の場所に限定する必要はない。

私たちは日々の仕事の中でも、有意義な感覚を大きく高められる。

つまり**人は、職場でも職場以外でも、大きな目的を持って世の中に貢献する方法を**

探すべきなのだ。

「昨日の出来事」を聞けば、その人が幸せかどうかわかる

私はこの数年で、ただ「お仕事は何を？」と尋ねるだけでは、相手のことを深く知るのは難しいと学んだ。

この質問をすると、たいてい何の変哲もない答えが返ってくる。

「弁護士です」

「専業で育児をしています」

「不動産のビジネスに関わっています」などなど。

だが、これに続けて**ある簡単な質問をするだけで、もっと興味深い答えを引き出せる。**

相手が職業や身分を答えたあと、私はあまり詮索しているような印象を与えないよう気をつけながら、こう尋ねる。

「そうなのですね。では、**普段はどんなふうに1日を過ごされているのですか？**　毎日の生活パターンを教えてくださいませんか？」

するとうと、単に職業を尋ねるだけの質問よりもはるかに興味深く、相手を深く知れる答えが返ってくる。

弁護士が依頼者との会話の中にやりがいを見出していること、育児中の人が夕方や週末に子どもと過ごす時間をとても愛おしく感じていることなどが、手に取るようにわかる。

時には、自分が思っていたほど普段の1日が楽しいものではないことに気づき、答えるのをためらう人もいる。

私はこの質問に対する反応を長年にわたって観察してきた。

そして、普段の生活の典型的な1日を客観的に振り返り、言葉で表現してもらうことで、さまざまな場面で有意義な回答が得られると学んだ。

このアイデアの着想は、若い頃に従事していた幸福度の研究で用いた研究手法から得たものだ。

単に全般的な幸福度を尋ねるよりも、昨日の出来事を語ってもらうほうが、その人が幸せかどうかを知るためのよいものさしになると気づいたのである。

転職を考えている人は、その仕事に長く従事してきた人に、普段の1日の様子を尋ねてみるとよい。

その答えは、とても価値のあるものになるだろう。

仕事で悩んでいるときは、最近の1日や1週間を振り返ることで、時間や労力をどこに集中させれば状況を改善できそうか考察しやすくなる。

この方法を仕事にも当てはめてみてほしい。

自分の普段の仕事を振り返り、考え方や時間の使い方をどのように変えれば、周りの人にもっと貢献できるようになるかを考えてみるのだ。

ほとんどの人は、「貢献」で仕事を選ばない

私たちには、日々の地道な仕事を大きな意義のある目的と結びつけることが求められている。

1034人の回答者に、「work（仕事）」という語を聞いて最初に思い浮かぶ言葉を尋ねた調査の結果は、残念な現実を映し出している（**図表3−1**の単語群を参照。頻度の多い語ほど大きな文字で示される）。

この図表からは、「hard（きつい）」「job（仕事）」「play（遊び）」「pay（給料）」「stress（ストレス）」「day（1日）」といった言葉が大きく示されていることがわかる。

そのほとんどが、自分中心の視点から生まれてくる言葉だ。

つまり**ほとんどの人は、仕事を通じて人に尽くすことを働くことの目的にしていないのだ。**

「money（金）」が目立つのは、仕事のことを有意義な活動というよりも、生活する

図表3-1　「仕事」と聞いて思い浮かぶ言葉

仕事を通じた貢献はどう表現すべきか

ために必要な手段としてとらえている人が多いことを示している。

また、周りの人の才能を伸ばす、誰かが健康になるよう手助けする、有益な情報を提供するなど、仕事を通じた具体的な貢献についての言葉が1つもないことにも驚かされる。

どのような仕事にも、誰かの幸福度を高める機会がある。

私たちはもともと、自分が考えているよりもはるかに多く、仕事を通じて人の役に立つことをしている。

また、自分がしている貢献への見方を変えるだけで、充実感を高められる機会もたくさんある。

私は、「どうすれば人は、仕事を通じて最大限の貢献ができるのか」を研究しているうちに、現実的な問題にぶつかった。

それは、「現代に生きる私たちには、自分がしている貢献のタイプを説明するための具体的な方法がない」ということだ。

そして、この問題を改善する余地はおおいにあることもわかった。

現代社会には、貢献の基本的な性質を明確な言葉で表現する方法が不足している。

その一方で、職務明細書や履歴書はやたらと細かく記述されている。

履歴書や業務手順、製品の仕様やソフトウェアの開発手法、人材管理の方法などは、味気のない硬い言葉で表現される。

だが**仕事を通じた貢献は、もっと人間らしさを感じさせる言葉で表現されるべきだ。**

たとえばもし、誰かの仕事上の役割が「テクニカル・プロジェクトマネジャー」や

「コールセンター・サポート担当者」ではなく、「人を元気づけること」、「人に価値ある情報を伝えること」などと定義されていたら、貢献の価値に対する印象はずいぶんと違ってくるだろう。

「貢献」は12種類に分類できる

私たちのチームは、仕事を通じた貢献の形をわかりやすく表現するために、さまざまな企業部門の人の仕事に関するデータを大量に分析し、包括的な指標を開発した。目的は、社会から求められ、価値を認められている仕事とは何かを明らかにすることだ。

次に、周りの人によい影響を与えるために、働く人が実際に毎日行っているリストを作成した（この本のウェブサイト〔www.contribify.com〕に掲載しているので、興味がある読者は参照してみてほしい）。

また、数千人を対象に、世の中にどんな貢献をしているかを自分の言葉で回答してもらった。

調査の第2段階では、回答者に合った貢献の方法を探るための質問票の開発に取り組んだ。

さまざまな貢献方法の中から好みのものを選んでもらうことで、その人にふさわしいものが明らかになるという仕組みだ。

まずは、その人にとって最適な貢献の形を見つけるために、関連するトピックについて質問をすることから始めた。

この調査の分析結果をもとに、**人々が家庭や職場、地域社会で求められている主な貢献の種類を12に分類し、それぞれをできる限りわかりやすい言葉で表現した。**

貢献の形はとても幅広い。すべて挙げようとすればきりがなくなってしまう。

そのため、さまざまな貢献の共通点を探し、それを12種類に落とし込んだ。

あらゆるチームに求められる3つの貢献

さらに、これら12種類の貢献が、優れたチームの中でどう機能しているのかを探るために、企業や地域社会のリーダー、オピニオンリーダーなどに協力を求めた。

その結果、**あらゆるチームには3つの基本的な貢献の形が求められる**ことがわかった。

それは、「**創造**」「**実行**」「**関係**」だ。

この貢献の3要素が1つでも欠けていると、チームは効果的に機能しなくなり、成功を手にすることが極めて難しくなる。

個人的な興味の対象ばかりに目を向けるのではなく、自分が世の中に最大限に貢献できる方法は何かを探してみよう。

第4章

「最高の職場」を手に入れる方法

「5、6カ月」あれば性格は変えられる

「才能やパーソナリティ（性格）は生まれつき変わらないのか、それとも成長とともに培われていくものなのか」は、議論の尽きないテーマだ。

私が長年携わってきた「人間の強み」に関する研究は、「パーソナリティや特性は変わらない」ということを意味するものだとよく誤解される。

はっきりさせておこう。**人のパーソナリティは長い人生の間に変わっていく。**大きな変化があることも珍しくない。

性格の根本的な部分ですらも変わりうる。
「パーソナリティは変わらない」という結論を導いていた一昔前の研究の多くは、短期的な調査に基づいていた。

しかし現在では、数十年にわたって同じ人を対象にした縦断的研究の結果を分析できるようになった。

その結果、**パーソナリティの変化の余地は、20年前に私が予想していたよりもはるかに大きなものである**ことが明らかになってきた。

パーソナリティがさまざまな期間にわたってどの程度変化するかについては、まだ多くの議論がある。

何をどのように測定するかによっても違いが生じてくる。

ただしはっきりしているのは、パーソナリティは短期間（例：数週間単位）よりも、中期的（例：数年単位）のほうが変わりやすく、さらに長期的（例：数十年単位）になると、より大きな変化が起こりうることだ。

また、人は意図的に自分のパーソナリティの境界線を押し広げられることもわかってきている。

しかも、そのために膨大な時間は必要ない。

207件の研究を対象にした調査によれば、意図的な介入によって被験者のパーソナリティに変化を起こそうとした研究では、平均して5、6カ月で有意な変化が起きていた。

つまり、**私たちは「自分には合わない」と気づいた役割にいつまでも留まり続ける必要はないし、「性格的に自分には向いていないかもしれない」という理由だけで望ましいキャリアを追い求めるのをためらう必要もない。**

人は「外交的」でいると幸福度が高い

私も本書の執筆のための研究をしているうちに、自分にもこの考えが当てはまることに気づいた。

そして、居心地のよい場所に留まってばかりいないで、必要な時は自分の殻を破るべきだと考えるようになった。

たとえば、私は過去に何度もパーソナリティ検査を受けてきたが、きまって「内向的」という結果が出た。

そのことに異議を唱えるつもりはない。

私が外向的でも社交的でもないことは、自分自身はもちろん周りにいる誰もがよく知っている。

それでも私は、「自分が内向的であるということを、都合のよい言い訳に使ってきたのではないか」と考えるようになった。

本当なら楽しい時間を過ごせたはずの身内や友人の集まりに、「自分は内向的だから」という心の声に従って参加しなかったことは数え切れないほどある。

参加したときでも、同じ言い訳を使って、話の輪に積極的に加わらず、傍観者のように静かに座っていることが多かった。

数年前から、「外向性を多く表現すると、人の全般的な幸福度は高まる」という研究結果を示す論文に注目が集まり始めた。

この研究結果は驚くべきものではなかった。

私自身の研究も、**人が幸福度を高めるための最善策は、日々充実した人間関係を持つこと**だという結果を示していたからだ。

今「内向的」だからといって、外向的になれない理由はない

しかしこのことは、私たちのような内向的な人間にとって何を意味するのだろうか？

これまでと同じようにパーソナリティは変えられないと考え、内向的な自分に留まろうとすべきなのか？

それとも、少しでも外向的になるよう努力すべきなのか？

私のように、職業柄、文章を書き、人前で話をし、人に教える機会が多い人間にとって、積極的に人と接することは、キャリアにとってプラスに作用するはずだ。

遠慮せずに発言するよう心がければ、もっと多くの人にメッセージを届けられるし、大勢の人の役に立つこともできるだろう。

出版業界の知り合いも、「君はオンラインかオフラインかを問わず、もっと情報を発信すべきだ」と口を揃えてアドバイスをしてくる。

私が社交的な行事にしぶしぶ参加するのではなく、積極的に関わるようになれば、妻や友人も喜んでくれるだろう。

実際に参加してみると、自分自身、思っていた以上にこうしたイベントを楽しめることにも気づいた。

友人には「我が家では社交は妻の担当なんだ」とよく冗談めかして言っていたが、実際にはそんなことはできないということだ。

このように、私は自分のパーソナリティを変えて、もう少し外向的になろうと思っている。

一朝一夕にできないのはわかっているが、少しずつ前に進める自信はある。

何より、そうすることでもっと多くの人に役立てるようになるはずだ。

前述のように、私たちが本来の自分とはまったく異なる誰かになれると考えるのは間違っている。

だが、**自分を小さな枠に押し込め、性格は絶対に変えられないと頑なに思い込むことも、大きな間違い**なのだ。

心理学者のスコット・バリー・カウフマンもこう述べている。

「ありのままの自分自身を受け入れるのはよいことだ。だが、自分をよい方向に変えられると知っているのも同じくらいよいことだ」

「最高の仕事」は、みずからの力でつくりだせる

「仕事で大きな貢献をして人生を充実させたいのなら、転職する、あるいはそれまでとはまったく異なるキャリアをスタートさせる、などの劇的な変化を起こさなければならない」と考えている人は多い。

確かに、そうすることがよい結果につながる場合もあるだろう。

だが**たいていは、現在の仕事を通して最大の貢献をする方法を考えてみることが最**

善策になる。

「どうすれば今の仕事でもっと人の役に立てるか」について、じっくりと時間をかけて考えている人はめったにいない。

ぜひ、この視点で今の仕事を見直してみてほしい。

仕事に対する向き合い方を大きく変えられる可能性があることに気づくはずだ。

これは家のリフォームにたとえられる。

現在の住まいに非の打ち所がないと感じている人はほとんどいないだろう。

だが、ある部屋の壁の色が不満だからといって、すぐに今の家を売って新しい家を購入しようとは思わないはずだ。

家の手直しは、少しずつ、気になるところから進めていくものだ。

だが、私たちはなぜか仕事のことになると、賃貸住宅のように自分の好きにはリフォームできない、だから引っ越しするしかない、と思い込んでしまう。

最新の研究は、「**最高の仕事とは、天から降ってくるのではなく、努力によってつ**

くりだすものである」ということをはっきりと裏付けている。

私の友人で、「希望」に関する科学的研究の世界的な第一人者だったシェーン・ロペス博士も、2015年に他界する数カ月前の私との会話の中で、このことをはっきりと述べている。

「最高の仕事とは自分の手で意図的につくりだすものであり、偶然に見つかるものではない」

望ましい職場環境を手に入れるための3つの領域

「現在の仕事を有意義で楽しいものにすることに成功した人」を10年以上かけて徹底的に研究してきたエイミー・レズネスキー、ジャスティン・バーグ、ジェーン・ダットンも、「今の仕事を望ましい仕事に変えることは可能である」という結論を導いている。

この研究チームによれば、**望ましい仕事環境をつくるためには、「業務内容」、「人間関係」、「認識」という3つの重要な仕事の領域で変化を起こすことが求められる。**

領域❶ 業務内容――仕事のやり方などを変える

1つ目の要素である「業務内容」では、**仕事量を増減させる、業務の範囲を変える、やり方を変えるなどが可能**だ。

領域❷ 人間関係――交流の程度や性質を変える

2つ目の要素である**「人間関係」はコントロールしやすい。**職場での人間関係や身近な人との交流の程度や性質は、心がけしだいで誰にとっても変えやすいものだからだ。

領域❸ 認識――仕事の目的について考え方を変える

3つ目の要素である仕事の「認識」を変えることは、私の経験上、最も実りの多い領域だ。

仕事の細かい内容から長期的な目標や使命に至るまで、**誰でも仕事の目的についての考え方を変えることは可能だ。**

仕事の内容を自分では変えられない立場の人でも、なぜこの仕事が自分の生活や家族、顧客、社会にとって重要なのかについて、自分なりの意見を持つことはできる。

この研究結果は、**「私たち1人ひとりには、働き方や貢献の方法を自分で決める権利がある」**という、とても重要なことを教えてくれる。

業界や業種を問わず、**「自分の仕事は自分の力でよい方向に変えられる」と考えている従業員は、仕事に積極的に取り組み、成果を上げ、苦境に見舞われても早く立ち直れる。**

肩書きや給料、責任範囲などが短期的には変わりにくい環境で働いている人でも、起業家的な視点で自分の仕事を考えることが大切だ。

つまり、仕事においては、業務内容や働き方を自分に最適なものになるように調整し、周りの人や世の中に最大限の貢献ができるようにすることこそが、自由を手にし、自分の判断で人生をコントロールし、幸福度を高めるための最高の方法になる。

そのためには、自分の強みを活かし、仕事を通じて最大限の貢献ができるようにするにはどうすればよいのかを、時間をかけて試行錯誤していくことが必要だ。

「誰かの役に立っている」と実感できる人は、仕事の満足度が高い

初めから完璧な仕事に運よくめぐりあえる人などめったにいない。

心から愛することができ、自分の能力を存分に発揮できるような仕事は、通常は数十年かけ、紆余曲折と学びを重ねながら見つけていくものだ。

何よりも大切なのは、宝くじを引くような気持ちで夢の仕事を探すことではなく、今、目の前にある仕事で、少しずつ自分を成長させ、前に進んでいくことだ。

つまり、**有意義な仕事を得るために、現在の仕事を今すぐにやめる必要はない。**

価値ある仕事は、みずからの手で育んでいけるものだからだ。

傍から見れば順風満帆に見えるキャリアでも、実際は曲がりくねった道をたどっているものだ。

キャリアとは、階段をまっすぐに上っていくようなものではない。

自分の仕事の道のりを、起伏とカーブの多いマラソンコースのようなものだととら

えてみれば、日々の一歩一歩の積み重ねがいかに大切かに気づくはずだ。

まずは、今の仕事が誰かの役に立っているのをはっきりさせるところから始めてみよう。

自分がしていることと、それによって恩恵を受けている人を結びつけるのだ。

日々働くことが誰かの人生をよりよいものにしていると実感できると、仕事の成果が上がり、楽しさや満足感も高まる。

そのことを示す研究結果は、数え切れないほどある。

たとえば外食産業では、厨房で働く料理人の姿が客席から見える場合、客の満足度はそうでない場合に比べて10％向上する。

また、料理人と客がお互いの姿を見ることができれば、客の食事に対する満足度は17％上昇し、注文されてから料理人が料理を客に届けるまでの時間も13％短くなる。

他の職業でも同じような結果が出ている。

「人命救助の尊さ」について書かれた文章を読んだライフガードは、仕事中の警戒心を高める。

電話で募金活動をしている人は、その募金によって助けられた人の話を聞くと、やる気を高め、はるかに多くの資金を集められるようになる。

トマト農家を奮い立たせ、収穫量を7%上げた動画

自分の仕事が役に立つのが社内の人間や同僚だけに限定されている場合でも、日々の努力が誰かに貢献していることを直接実感できれば、その仕事にさまざまなよい影響が生じる。

ハーバード大学の研究では、トマトを収穫する現場の労働者に、自分たちの仕事がサプライチェーンの次の工程である工場の労働者にどう役立っているかを説明する動画を見せた。

この短い動画を見た労働者は、対照群の労働者と比べて1時間あたりのトマト収穫量が7%も向上した。

人は、自分の仕事が誰かに影響を与えていることを実感できれば、組織への帰属意

識が強くなり、幸福度も高まるのだ。

あなたの仕事から恩恵を受ける人を具体的に思い浮かべる

私は毎週のように、キャリアに不満や迷いがある人の話を聞く。

「仕事でもっと充実感を味わうにはどうすればよいでしょうか」と相談されるのだが、きまって相手は転職することを前提にしていて、すでに何社もの企業に履歴書を送っている。

このように、「よい仕事を得るには転職するしかない」という考えで頭をいっぱいにしていると、今の仕事で最大限の貢献をする方法を自分の手で見つける意欲を持ちにくくなる。

私たちは、「今の仕事を充実した一生の仕事にするにはどうすればいいのか」というとても重要な問いを、できるだけ早くから自問すべきなのだ。

まずは、とても基本的な質問から始めよう。

「自分の仕事によって恩恵を受けている、あるいはこれから受けるのは誰か？」


漠然とした集団ではなく、具体的な個人名を挙げられるだろうか？

日々の仕事から恩恵を受けている人の姿を目にしている場合でも、その価値に気づき、背後にある大きな意義を自覚するのは簡単ではない。

私は何人もの教師から、「1人の生徒の成長に影響を与えていることに気づくまで、日々の仕事に追われ、生徒全員の成長に貢献しているという仕事本来の意義を見出せなかった」という話を聞いたことがある。

ホスピスで働く看護師からも、重病人や死ぬ間際の人の世話をする日々の仕事に忙殺され、自分たちの仕事の価値や意味を実感しにくくなっているという話を何度も聞いた。


さまざまな職業の人に共通しているのは、**誰かの役に立っていることを直接体感すれば、自分の仕事がどんなふうに人々に貢献しているかをはっきりと理解できるよう**になるということだ。

自分の仕事が誰かのためになっているのを目の当たりにするほど、もっと役に立ちたいというモチベーションが上がる。

さらに、その人について多くを知るほど、自分の才能をまったく新しい方法で活用しようという意欲も高まるのである。

第5章

「人の役に立つ」範囲で、「自分の強み」を見つける

付属オンラインテストの使い方

本書と本書の**ウェブサイト「Contribify（コントリビファイ）」で紹介するツールの目的は、「誰かの役に立つ」という観点で「自分の強み」を明らかにすること**だ。

過去20年間、人間の強みと幸福度に関する研究は長足の進歩を遂げてきた。

しかしこれらの研究成果が、私たちの日々の生活に十分に活かされているとは言い難い。

だからこそ私は、本書で紹介するツールが、読者であるあなた個人や、あなたが所属するグループやチームにとっておおいに有益なものになることを期待している。

この章では、本書に記載されているアクセスコードを用いて「Contribify」の質問に答えることで、何が得られるのかについての概要を説明する。

まず試してみたいという人は、本書の巻末に記載されているアクセスコードを使ってウェブサイトに登録し、プロファイルを作成してほしい。

「Contribify」の「コントリビファイ・インベントリ（貢献の棚卸し）」では、さまざまな活動や状況の中から、自分自身をよく表しているものや、最も好むものに優先順位をつけるよう尋ねられる。

回答を終えると、あなたが自分の強みを活かして最も効果的に貢献できる上位3つの領域が表示される。

回答の所要時間は約20分。得られた結果は、本書の以降の章を通して自分自身を理解するための指針になる。

このインベントリは、チームや集団、家族といった文脈の中で、自分がポジティブな影響力を発揮するための最良の方法を明らかにするのに役立つものだ。

この上位3つの領域に注目しながら、本書を読み進めてほしい。

これらの領域を知ることは、あなたにとって最も適した貢献方法や、周りの人から何を求められているかを明確にするのに役立つ。

貢献の対象を問わず（家族、チーム、顧客、地域社会など）、まずはこの3つの自分の強みに注目することから始めよう。

長期的な視点で見たときに大切なのは、自分の強みについての発見を、仕事や人生において大切な人との有意義な話し合いにつなげていくことだ。

まずは配偶者や親友、メンターたちと、貢献の価値について話し合うことから始めてみよう。

その後、話し合いの対象をチーム、グループ、組織に広げていこう。

そして、人がそれぞれ自分の強みを活かして世の中に最大限の貢献ができるようになる手助けをしよう。

「自分の役割」を理解すると、表面的なものに惑わされなくなる

このインベントリでは、自分が職場や私生活で果たしている重要な役割についても尋ねられる。

私の場合、最初に思い浮かべる役割は「父親」であり、「夫」だ。

それ以外にも、「研究者」、「作家」、「教師」として社会に貢献していると言えるだろう。

この役割は、現在の自分を周りの人からどう見てもらいたいか、自分がこの世を去った後にどんなふうに記憶してもらいたいか、という視点で考えてみてほしい。

その視点で考えれば、肩書きや富、知り合いの数などの表面的な成功の指標が、いかに薄っぺらいものかに気づくはずだ。

死ぬときには、あなたが会社の上役だったことも、SNSのフォロワー数が1万人だったことも、100万ドルの資産を持っていたことも、誰も気にしない。

図表5-1　「自分の役割」と聞いて思い浮かぶ言葉

何よりも重要なのは、あなたが友人たちから愛すべき人間だと見なされていたかどうか、周りの人によい影響を与えたかどうか、社会に貢献したかどうかだ。

図表5－1の単語群は、この役割に関する質問に対する数千人の回答の中から、最も一般的な言葉を表したものだ。

これらの言葉を、自分の役割が何かを考える際のヒントにしてみてほしい。「leader（リーダー）」や「boss（上司）」といった組織での役割、「engineer（エンジニア）」や「consultant（コンサルタント）」といった職種、「parent

（親）」「husband（夫）」といった家庭での役割まで、さまざまなものがあることがわかるだろう。

ある役割において自分がどのように人に貢献しているかを確認するのはとても重要だ。

職場では、1つの役割を与えられてはいても、複数のチームの一員としてさまざまな貢献が求められることは珍しくない。

重要なのは、どのような役割においても、それぞれが「自分がどこで貢献できるか」（期待されているか）を明確に理解することだ。

「あれがなければ、今の自分はない」出来事を書き出す

このインベントリの「MILES（マイルズ）」のセクションでは、これまでの人生に最も大きな影響を与えた経験を記入する。

現在の自分に最もポジティブな影響を与えた出来事は何か、瞬間や時期はいつかを

考え、回答しよう。

ここでは、卒業式や結婚式など、一般的に人生の大きな出来事と思われているもの以外の経験について考えてみてほしい。

誰かに身の上話をするときに、「あれがなければ、今の自分はない」と言いながら伝えるような経験だ。

当時は好ましくないと思えたが、結果的には人間的な成長につながった経験もあるだろう。

まずは、仕事や人生に確実によい影響を与えたと思われる経験について考えてみよう。

ポイントは、自分に成長をもたらした経験に目を向けることだ。

当時はつらかったが、後の自分のためになった経験についても挙げてみよう（特に、友人や同僚にその経験を伝えることに抵抗がないのであれば）。

自分がどんな人間なのかを人に説明するのに役立つ経験談も探してみよう。

これらの経験を時系列に並べ、それが意味するものを考えてみよう。親しい人に見せて意見を求めるのもいい。自分の人生に最も影響を与えた経験を振り返りながら、それが自分の大切な人たちや、仕事を通じて貢献している人々に、どのような影響を与えるかについても考えてみよう。

そうすることで、将来、自分や他者にとって有意義な経験をつくりだすにはどうすればよいかが見えてくるはずだ。

これらの最初の質問は、あなたのプロフィールを構築するための出発点にすぎない。この段階では、あなたの強みを説明する用語に関する質問もある。用意された言葉を用いてもいいし、普段の会話や面接と同じように、自分自身の言葉を使ってもいい。

このプロフィールには今後も、多くの人の回答に基づいてさまざまな要素を追加していく予定だ。

12種類の貢献についてのアイデアや事例も求めている。

第II部を読み進めながら、ぜひあなたのアイデアや事例を「Contribify」のウェブサイトに送ってほしい。

貢献とは、あなたがこの世を去った後にもよい影響を与え続けるもののことである。

第6章

「自分は何がしたいか」よりも大切な質問

後世に名を残す人は、「自分は何がしたいか」とは考えない

自分の「動機」、「能力」、「目的」の3つを1つに組み合わせて、誰かの役に立とうとするときに、大きな意味が生まれる。

「動機」と「能力」は自分自身に関するものであり、これをよく理解することはとても重要だ。

だが、それは「人生において極めて重要な需要と供給の方程式」の前半にすぎない。

どれだけ自分についての理解を深めたとしても、「世界から何を求められているか」、「どうすれば最大限の貢献ができるか」という「目的」について学び続けなければ、

すべては無駄になってしまう。

だからこそ本書の第II部は、読者が世の中に最大限に貢献するためのガイドブックとして書かれている。

第II部では、12の貢献についてそれぞれ詳しく説明し、具体的な貢献例とともに、自分の強みを活かして周りの人やチーム、組織のためにさらに貢献するためのアイデアを示している。

また12の貢献を、求められているニーズに応じて「創造する力」、「関係づける力」、「実行する力」という3つのカテゴリーに分類し、図でわかりやすく説明する。

仕事を通して人によい影響を与える方法を見つけるには、企業が製品やサービスに対して行うのと同じように、継続的な分析が欠かせない。

企業が売れる見込みの低い製品には多額の投資をしないのと同じように、**人々が求めていない領域に貢献するために、自分の貴重な時間や労力を費やすべきではない。**

これは、「自分の情熱に従え」という世間によくあるアドバイスに対する批判でもある。

「自分の情熱に従え」とは、自分が世界の中心にいることを前提としていて、（人に尽くすのではなく）自分の喜びを追求することを最大の目的にすべきだという考えだ。

だが実際には、**後世によい影響を残せる人は、「自分は何がしたいか」ではなく、常に「自分は何を与えられるか」を考えている。**

まず「何を与えられるか」を自問することから始め、次に取るべき具体的な行動を探ることで、周りの人から最も必要とされていることに自分の才能を注ぎ込めるようになる。

さっそく今、ページをめくる手を止めて、**自分の身近にある最も緊急で切実なニーズは何かを考えてみよう。**

自分が時間や労力をかけることで誰かの役に立てる、具体的な問題や課題を探してみよう。

身のまわりの人が何を必要としているかを、今日から考え始めよう。

私は個人的な経験から、「**最も重要なことをするとき、明日という日はない**」と知っている。

明日になっても、明日は明日のままだ。だが、あなたにはいつも今日がある。

「人と仕事の壊れた関係」は、本人次第で修復できる

「私は何を与えられるか?」という問いを日常的に自問するようになると、自分の仕事と、それを日々誰かのために役立てていることの意味を一致させやすくなる。

自分の仕事と、人々が求めているものを効率的にマッチングさせるのだ。

未来の仕事の本質はここにある。しかしそこに至るまでには、浮き沈みのある曲がりくねった道のりが待っている。

私から読者に贈る最後のチャレンジはシンプルなものだ。

仕事との関わり方について、おおいに期待を持って前に進んでほしい。

私の経験と研究に基づけば、誰でも次のことができるようになるはずだ。

● 大切な人たちの幸福度を高めるような仕事をする。
● 毎日、出社時よりも心身ともよい状態になって退社できる。
● 自分と部下の幸せを大切にするリーダーがいる会社で働く。
● 1日中椅子に座りっぱなしにならないように仕事をする。
● 周りの人から公平な待遇を受ける。
● できるだけ多くの自由、自律性、裁量権を持つ。
● 1日に1時間以上、自分を元気にさせるための何かをする。

個人であれ、マネジャーやリーダーであれ、「人と仕事の壊れた関係」を修復するのは、自分自身の一歩から始まる。

楽しく目的意識を持って働けるようになれば、よい影響は周りの人にも広がっていく。

あとは時間の問題だ。自分自身やチーム、組織にとって「仕事」は、これまでよりもはるかに有意義で、人生に欠かせないものになっていくだろう。

そのための試みを、今日から始めよう。

第 II 部

人の役に立つ12の資質

個人の貢献

あなたは人のために何をしているか？

創造する力

始める力	「物事を開始する」ことで貢献する
意見する力	「問題を提起する」ことで貢献する
教える力	「人を成長させる」ことで貢献する
ビジョンを描く力	「チームの意識をまとめる」ことで貢献する

関係づける力

つなげる力	「埋もれた声を拾い上げる」ことで貢献する
元気づける力	「周りの人を笑顔にする」ことで貢献する
共感する力	「人の感想を察知する」ことで貢献する
影響を与える力	「強い信念を貫く」ことで貢献する

実行する力

進める力	「計画通りに実行する」ことで貢献する
達成する力	「周りの人の手本になる」ことで貢献する
適応する力	「臨機応変に行動する」ことで貢献する
広げる力	「よいものを周りの人と共有する」ことで貢献する

チームの貢献

世の中が必要としているもの

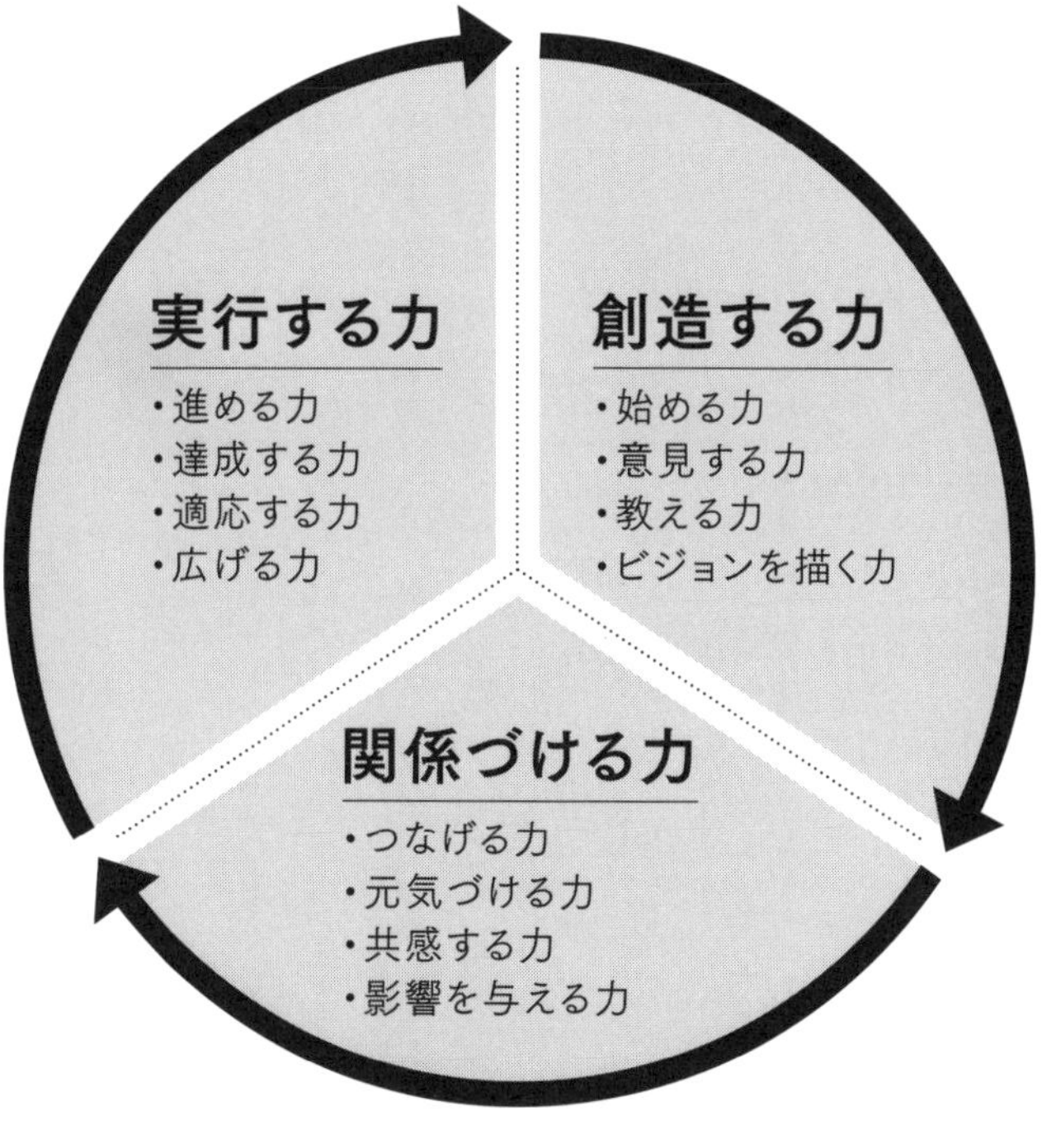

第7章

「創造する力」で貢献する

始める力

――「物事を開始する」ことで貢献する

「物事を前に進めるための秘訣は、とにかく始めることだ」
マーク・トウェイン(アメリカの作家)

新しい何かを始めることで、チームやグループは活性化します。
あなたは、人と人をつなぐことでモチベーションを上げるタイプです。
そのため、あらゆる人間関係において中心的な役割を担えます。
会話のきっかけをつくったり、情報を共有したり、共通の目的を持ってグループを

図表7-1　「創造する力」の4要素

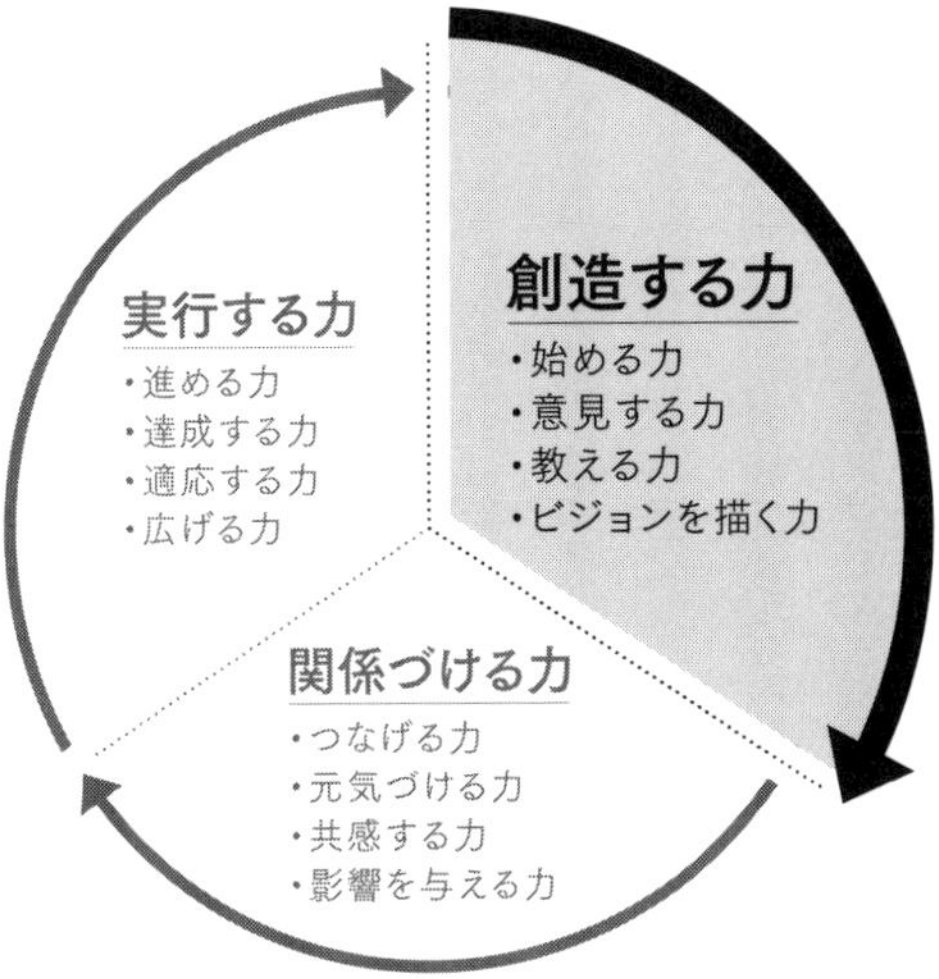

まとめたりすることで、モチベーションを高められるでしょう。

周りの人からは、話を聞いてくれる友人が必要なときに頼りにされます。うまく質問をしながら、相手の言いたいことを引き出しましょう。

共通の関心を持つ人の集まりやイベントを計画しましょう。

「新しい何かを始めること」に積極的な自分の強みを活かして人を集め続けていけば、豊かな人間関係がどんどんと広がっていくでしょう。

また、身近な人とのつながりも忘れ

ずに大切にしましょう。

長年続く人間関係は、当たり前のものとしてとらえてしまいがちです。

しかし、こうした親密な人間関係は一生続く幸福の源になる、とても貴重なものです。

大切な人たちとの絆を保つために、定期的に食事や旅行、イベント、散歩、外出などを計画しましょう。


物事を新しく始めることが得意なタイプの人は、判断や行動が迅速で、あっという間に物事を進めていきます。

自信があり、気分が1日中安定していることが多いため、友人や同僚からは気軽に話ができる人として好まれます。


ストレスや後悔があると、人はなかなか行動しにくくなります。

しかし、自分に自信のあるこのタイプの人にはあまり大きな問題とはならないため、前進し続けることができます。

このように物事を前に進めていく能力が高いと、人から「自分の思いや感情を無視されて、強引に物事を進められてしまう」ととらえられることもあるため、誤解されないように気をつけましょう。

周囲の人は、あなたほど迅速かつ後悔のない判断をできない場合があることを忘れないように。

誰かにプロジェクトやグループの仕事をもっと速いペースで進めてもらいたいときには、あなたの自信がその人にも伝わるようにしましょう。

自信は伝染します。それはチームやグループ全体で物事を前に進めるのに大きく役立ちます。

チームに貢献する

● あなたが友人や家族、職場で交流を深めるのに中心的な役割を担っていることを、周りの人は知っているはずです。集まりを企画したり、会話を始めたりするときは、それが相手にとってどのような意味を持つのかをよく考えましょう。

- 所属しているすべてのグループの中で、考え方や専門性、民族性、年齢、視点など、多様性が求められているのはどのグループでしょうか。そのチームに多様性をもたらすための計画を立てましょう。
- 家族や職場のチームが、1日以上日常から離れて時間を過ごせるイベントを企画してみましょう。参加する人が有意義な経験ができるような内容のものを検討します。
- あなたの自信を活かして、チームに活力を与えましょう。チームが難しい問題に直面しているときには、具体的な励ましの言葉を使って、メンバーが前向きな結果を心に描けるように支援しましょう。
- あなたには、1日中安定した感情を保ちやすい特性があります。それでも、自分の仕事が有意義な何かを生み出したり、誰かによい変化をもたらしたりするときなどは、その小さな瞬間を味わい、楽しむ時間をとりましょう。
- 大きなプロジェクトに取り組んでいるときは、「人に声をかけて物事を前に進めるのが得意」という持ち前の能力を活かし、周りの人がスムーズな行動や判断ができるようにサポートしましょう。

周りの人に貢献する

- 日々、誰かと話すときは、相手にしっかりと注意を向けましょう。現代は、「自分の話に真摯に耳を傾けてくれる人」が不足しています。あなたはこれが自然にでき、人よりもそれを楽しめます。
- 忙しい日でも、誰かに話しかける時間をつくりましょう。その日、その時しかできないコミュニケーションがあることを忘れないようにします。
- 親友と2人だけで会う時間をつくりましょう。大切な友と過ごす時間は、あなたの健康や幸福にとって大きな意味があります。友人との会話を楽しみながら、それが自分にとってとても有意義な時間であることを噛みしめましょう。
- あなたは友人から、気兼ねなくなんでも話ができる相手と見なされています。「率直な意見を言っても気分を害したりしない」と思われているのです。ただし、逆にあなたが率直な意見を述べたとき、相手が自分と同じように人の話を柔軟に受け止めるとは限らないことを心に留めておきましょう。
- 友人や同僚が困難に直面しているときは、彼らが気分を落ち込ませることなく苦しい時期を乗り越えられるようにするための具体的なアイデアを提案しましょう。あなたには、これをうまく行える資質があります。

最大限の貢献をするために健康になる方法

- 「大切な人と一緒に健康的に時間を過ごすにはどうすればよいだろう?」と考えるのを習慣にしましょう。
- 仲間を引き込んで何かをしましょう。たとえば同僚と一緒に活動的な時間を過ごすだけでも、人間関係や生産性を高めるうえでおおいに役立ちます。
- 友人たちに、実践している最善の健康法について尋ねてみましょう。職場に取り入れられる健康習慣のアイデアを集め、周りの人に伝達する役割を担いましょう。
- 日々、決まった時間や状況で運動や身体を動かすことを日課にしましょう。心身の安定を保ち、ストレスを最小限に抑える効果があります。
- 友人や同僚と、食べ物の健康への影響についてじっくりと話し合ってみましょう。友人からは「自由に意見が言える相手」と思われているあなたにとって、これは情報やヒントを集めるよい方法です。

- 十分な睡眠をとり、健康的な食事をし、日常的に身体を動かすと周りの人に宣言しましょう。計画を伝え、目標を共有します。「何がしたいか」を周りの人に理解してもらうことで、自分の行動に責任が生まれます。

意見する力

――「問題を提起する」ことで貢献する

「疑問を抱く力は、人類の進歩の基盤だ」

インディラ・ガンジー（インドの政治家）

人の意見や古くから続く慣習に異議を唱えることほど、難しいものもありません。あなたは、現状に挑むことでモチベーションを高めるタイプです。それによって、他者の成長を手助けし、望ましい結果に向かわせることができます。

停滞しているプロジェクトの問題点を洗い出し、責任者を替えて新しい方向に向かって再出発させたいとき、あなたは能力を発揮できます。

あなたはほかの人を「単なるよい仕事」ではなく「卓越したレベルの仕事」に導くことに意欲をかき立てられます。

「率直に意見を述べられる」という資質を活かして、友人や同僚が前進するよう手助けしましょう。

あなたには、独創的なことを始める能力もあります。製品やサービスの質を高めるために従来とは少し違う方法をとろうとするとき、チームを後押しできます。

自分の方向性が正しいと確信できるときは、責任を持ってグループを導きましょう。

あなたは探求心が強く、常に新たな情報源を探しています。新しい情報がすでに自分が知っていることと矛盾していたり、自分の間違いを証明するものであったりしても、その学びを楽しめます。

好奇心が旺盛なので、きりがないほど学び、疑問を持ち続けてしまうことがあります。

周りの人に貢献するには、ある時点で行動に移す必要があることに気をつけましょう。

会話やプロジェクトの最初の段階では、あなたのアイデアや質問は大きな財産になります。

しかしいったん物事がスタートしてからは、周りの人がそれを成し遂げるのに邪魔にならないように注意しましょう。

また、問題点を指摘することが相手に誤解を与える場合もあります。

あなたは「たとえ意見が対立しても違いを明らかにするのは好ましいことだ」と思っていても、相手は「自分の意見が否定された」と腹を立てるかもしれません。

物事を迅速に進めるために問題点を指摘するときも、相手が「自分の意見を聞いてもらえている」と感じているのを確認しながら話をしましょう。

周りの人にとって、あなたの鋭い指摘に素直に耳を傾けるのは簡単なことではありません。

しかし、誰かが問題を提起しなければ、物事はよい方向に進みません。

誰かの後押しを必要としている人、あるテーマについてのアドバイスを求めている人に対し、あなたは大きく役に立つことができます。

好奇心が旺盛な人には、グループ全体を明るくワクワクするような未来に向けて前進させる力があります。

あなたの好奇心は、周りの人が知識を増やし、深く思考し、豊かな想像力を伸ばすのに貢献できます。

あなたが影響力を発揮することで、周りの人は新しい経験を積極的に取り入れ、革新的な何かに挑戦するようになるはずです。

そのことに注意しながら日々を過ごしてみましょう。

チームに貢献する

● 何よりもあなたのモチベーションを高めるのは、誰かのパフォーマンスを高いレベルに引き上げるためにサポートすることです。これは、その人の仕事の成果の価値を高めることにもつながります。相手が想像していなかったような問題点を指摘し、アイデアを提案するために、毎日少しの時間を費やしてみましょう。

- まとまった時間をつくり、新しい活動を始めることや、過去にない成果を実現する方法についてじっくり考えてみましょう。それまで先延ばしにしていた目標を追求する意欲が高まるはずです。

- チームが大きなことを成し遂げるには、誰かが主導権をとり、メンバーのモチベーションを上げていかなければなりません。たとえそのために他者の意見やそれまでの慣習に異を唱えなければならなくても、それは必要なことなのです。「私にはそのための優れた能力がある」と自信を持ちましょう。

- あなたは他の人に比べて、学ぶことや新しいアイデアを知ることに強い興味を示します。持ち前の創造性を活かし、周りの人にインスピレーションを与え、明るい未来を示すことができます。

- 新しいアイデアに心を開いている「オープンマインド」なあなたは、変化に抵抗を示すことの多い周りの人に比べて、斬新なアプローチを積極的に取り入れられる立場にあります。新しいことに挑戦し続け、その経験を周りの人に伝えましょう。

- 従来の常識を覆すような質問をし続けましょう。あなたは他の人に比べて、自分の感情の状態を把握することに長《た》けていますが、常識に反する意見を耳にしたとき、周りの人がどのような感情を抱くかについても注意を向けましょう。

●人は鋭い問題提起には耳を傾けるものです。自分の持つ能力を活かして、日頃から他者の意見の問題点を指摘することを心がけましょう。議論の中で意見することも、相手を励ましながら意見することもできます。

●あなたの強さや自信は、難題にぶつかった人から頼りにされることがあります。新たなアイデアを得ようとして助けを求めている人がいないか、周りを見渡しましょう。

●新しい製品やサービス、イノベーションを生み出すためには、適切な役割を担う人材が必要です。この点で、あなたは他の人より人間を見る目が優れています。新しいチームを編成する際などには、この特性を活かしてチームにアドバイスをしましょう。

周りの人に貢献する

● 誰であれ、職場で定期的に率直な意見を述べてくれる人がいるのはとても貴重なことです。それはパフォーマンスの向上につながります。意見を伝えられる相手を頭に2人思い浮かべ、来年に向けてこの2人のパフォーマンスを高めるためにどんな意見を述べられるか、計画を立ててみましょう。

● プロジェクトが遅れたりトラブルに見舞われたりしていると、たいていの人はそれを敬遠します。しかし、あなたはそれをチャンスととらえられます。この機会をうまく活用し、これまで一緒に仕事をしたことのない新しいメンバーやチームを結集させましょう。

● モチベーションを上げるために、自分の仕事を記録・管理する方法を見つけましょう。ただし、その方法を人に押しつけてはいけません。自分と同じような競争心を持たない同僚もいるかもしれないので、その人に合ったモチベーションの高め方が必要だということを心に留めておきましょう。

● 考え方が違う人や、よく意見が対立する人と一緒にいる時間を増やしてみましょう。

こうした人と議論をするのは簡単ではないかもしれませんが、意外な視点を得られることが多くあります。

- 新しいアイデアは、他者と何度も意見を交わしていくなかから生まれるものです。「この人といるといつも新しいアイデアが浮かぶ」という人と、意識的に会話をするようにしましょう。
- 新しいものが好きな自分の資質を活かし、「家族や友人、仲間たちと一緒に新しい何かを経験できるイベント」を計画しましょう。大切な人たちに、あなたに勧められなければしなかったような何かを経験させてあげましょう。
- あなたは、問題を抱えた友人から相談されることが多いはずです。そんなときは、いきなり自分の意見を伝えるのではなく、時間をかけてじっくりと質問し、相手の話を聞くようにしましょう。
- 議論好きな友人を何人か見つけ、さまざまなテーマで話し合ってみましょう。お互いに意見の違いがあることを楽しみ、許容しながら議論できることが大切です。

最大限の貢献をするために健康になる方法

- 率先して健康管理をしましょう。あなたは周りの人から手本として見られる可能性が高いので、日々実践している健康法を知らせることで、身近な人によい影響を与えられるでしょう。そのための具体的な方法について考えてみましょう。
- 友人や家族が、「運動をする」、「身体によいものを食べる」、「睡眠時間を増やす」などの誓いを立てたときは、それを守れるようにサポートしましょう。きちんと実践できているかどうか、簡単に尋ねるだけでもかまいません。相手が健康管理に取り組んでいることにあなたが興味を示すだけでも効果はあります。
- 健康的な生活を維持するには、それを見守ってくれる人やシステムが必要です。運動や休養の時間を十分にとれているかどうか、食事や睡眠の選択はうまくいっているかどうかを尋ねてくれる人が、身近に最低1人はいることを確認しましょう。
- 健康を維持するための最良の方法は、自分の身体を実験台にしながら、好奇心を持ってさまざまな健康法を試し、知識や経験を増やしていくことです。食べ物や生活習慣に自分の身体がどう反応するかを学ぶことで、よい選択ができるようになっていきます。

- 持ち前の好奇心を活かして、これから1年間、できるだけ多くの新しい食べ物を試してみましょう。野菜中心のヘルシーな食材を使った新しい料理に5品は挑戦することを目標にしましょう。

- 職場の人が仕事中にもっと身体を動かすための斬新な方法を見つけましょう。日々の仕事の中でみんなが最もエネルギーを消耗させているものは何かを考え、その仕事を元気な気持ちでできるようにするための工夫をしてみましょう。

- 「問題点を指摘できる」という能力を、自分の健康管理にも向けてみましょう。どうすれば現状を改善できるかを考え、食事や運動に関する意欲的な目標を2、3個設定してみましょう。

- 健康的な食事に関するさまざまな意見に耳を傾けてみましょう。どのような食べ物や飲み物が身体によいのか、あるいは悪いのかについては、実に多くの議論があります。論争好きのあなたは、楽しみながらこのテーマについて詳しく学ぶことができるでしょう。

教える力

——「人を成長させる」ことで貢献する

「教育は世界を変えるための最高の武器だ」

ネルソン・マンデラ（民主化後の南アフリカの初代大統領）

学ぶことなくして成長はできません。

あなたは学びを最高のモチベーションにするタイプで、グループでの議論においても価値ある情報や客観性、創造性をもたらします。

チームがぶれない基準で物事を判断し、正しい答えを見つけていくには、さまざまな選択肢を整理する必要があります。

そのためには、過去の成功例を研究し、情報を蓄積して、そこからパターンや関連性を見出さなければなりません。

多くを学べば、「人間の行動原理」をよく理解できるようになります。

その原理を知れば、誰もがみずからの経験から学べるようにもなります。新しいテーマについて詳しく学んだり、誰かが情報をまとめるのを支援したりするときには、あなたの日々の学習によって周りの人の未来にどんな影響を与えられるかをよく考えましょう。

あなたには、誰かが学ぶのを手助けしたいというモチベーションがあります。それは周りの人が時間をかけて成長することの後押しになります。チームが学びによって知識を蓄積し、新しいパターンを見つけていくと、あなたは功績を認められ、新しいアイデアだけでなく、次に何をすべきかを客観的に示してくれる人として注目されるようになるでしょう。

人を育てることほど価値あるものもありません。その効果はあなたがこの世を去った後も持続します。人を育てることがモチベーションになる人は、そのことに自信と誇りを持ちましょう。

人を育てることに真剣に取り組めば、大切な人たちに計り知れないほどよい影響を与えられます。

あなたが真摯に向き合うことで、相手は自分が認められていると感じます。それは相手の学習効果や判断力も高めます。


あなたは周りの人から、誰かに話を聞いてもらいたいとき、学習して成長したいとき、チームとして積極的に仕事に取り組みたいときなどに頼られます。

誰かに何かを教えるときは、その人の才能や伸びしろに注目してみましょう。相手の仕事への興味が高まるような形で、具体的に教えましょう。学びを通じて少しでも成長したら、ほめてあげましょう。


あなたには、チームを共通の目的でまとめる力があります。

メンバー間での能力のバランスや、人と人との相性の組み合わせが、チームの成功を左右します。

1人ひとりの資質に見合った方法で人を育てる力のあるあなたは、チームを活性化し、大きな成長を促すための絶好のポジションにいます。

チームに貢献する

- 自分の仕事が誰かの役に立っていることを見たり、データとして数字で示されたりすれば、人はよい仕事ができるし、働くことも楽しめるようになります。客観的なデータを用いて、「私たちの仕事はどのように人々の生活を向上させているか」についてグループで議論してみましょう。あなたの情報収集能力と学習能力の高さを活かせるはずです。
- チームが意思決定を行う際には、データを示しましょう。感情や直感も重要ですが、事実に基づくことで議論に客観性をもたらします。それは、チームが将来的に有意義な仕事をするうえで、大きく役立つものになります。
- 自分の経験や知識を伝えることで最も恩恵を受けられそうな人を1人選び、その人の成長のために毎週1時間以上を捧げましょう。
- ある人の成長にどう役立てるかを考え、そのための長期的な計画をすぐにも作成しましょう。あなたが誰かの成長のためにできるこれ以上の貢献は、おそらくありません。

- どんな人でも、日々の仕事を通じてなんらかの有意義な行いをしているものです。しかし、その小さな善行がもたらす価値について考える時間をつくっている人は多くありません。忙しい1日の中で自分が価値ある何かをしていることに気づけるのは、自分自身であることを忘れないようにしましょう。

- 「自分の生まれつきの才能を見極め、それを活かすことの重要性」を周りの人に教えましょう。自分の強みを見つける方法だけでなく、その強みを活かして能力を高めていく方法も教えれば、相手は飛躍的に成長するでしょう。

周りの人に貢献する

- 職場のリーダーは、組織のよい意思決定に役立つ情報を提供してくれる人を重宝します。職場であなたのことを最も尊重してくれるリーダーを1人か2人選び、その人たちに提案できる新しいアイデアやデータは何かを今すぐ考えてみましょう。

- 人は、親しい友人関係の中でよい学びをするものです。健康上の問題で悩んでいる友人であれ、仕事上の問題でストレスを感じている同僚であれ、誰かに必要とされているのなら、支えてあげましょう。有益な情報やアイデアを伝え、相手が前向きになれるようにしましょう。
- 人が行動をとる理由を学び続けましょう。毎日時間をつくり、周りの人の行動や反応を観察してみましょう。チームが時間や労力を投じるだけの価値のある、有意義な行動パターンを見つけられるかどうかを確認します。
- 公私を問わず、誰かに真摯に向き合うことを自分の秘密兵器にしましょう。相手が話を聞いてもらいたがっているときは、スマートフォンを取り出したりせず、真剣にその人の言葉に耳を傾けられる人になりましょう。20分間、真剣に耳を傾けるだけで、驚くほど相手のためになることができます。
- 重要な決断を下すのに苦労している友人に、できるだけ多くの情報を集め、客観的な判断ができるような手助けをしましょう。あなたには、相手が適切に合理的な判断をすることをサポートする力があります。
- 身のまわりにいる人物を2人思い浮かべ、その人たちにどのような隠れた才能があるかを考えてみましょう。あなたの直感が正しいかどうかを確認するために、しばらくその2人をよく観察します。正しいという自信が持てたら、2人にそのことを伝え、将来的にこの人たちが才能を活かせるように支援します。

最大限の貢献をするために健康になる方法

- 日々の体調や健康状態のわずかな変化に意識を向け、それらについて学んでいくほど、健康的な行動をとれるようになります。あなたの「もっと物事を深く知りたい」という欲求をうまく活用しましょう。健康に関する小さな行動が、1日の自分の体調にどう影響しているかを学んでみましょう。
- 現代では、食品や食事法、運動についてのさまざまな情報が溢れています。正しい情報を学び、健康について周りの人に適切なアドバイスができるようになりましょう。信憑性の薄い流行のダイエットの話題を夢中で語る人もいます。しかしあなたなら、健康を長く保つための科学的な裏付けのある情報を周りの人に伝えられるでしょう。

- 1日中椅子に座り続けなくても仕事ができるような工夫をしましょう。1時間に一度は立ち上がり、歩くようにします。
- 誰かとアイデアを出し合いたいときは、歩きながら会話をしてみましょう。椅子に座ってばかりいないで、屋外やオフィス内を歩き回ってみます。電話をよくする人は、ワイヤレスのヘッドセットを使って歩きながら通話をしてみましょう。歩くことで活力が得られます。
- 健康に関するアドバイスを求められたら、その人が日中に元気よく過ごせるために最適な健康習慣を一緒に考えましょう。一緒に考えるだけで、相手にとってはよい学びになり、よい習慣が身につくきっかけになることがあります。

ビジョンを描く力

――「チームの意識をまとめる」ことで貢献する

「未来は、夢の美しさを信じる者の手の中にある」

エレノア・ルーズベルト（アメリカの婦人運動家）

あなたは夢想家タイプで、エネルギーを得るために1人の時間を必要とします。

あなたにとって、物事を熟考して新しいアイデアを生み出すための1人の時間はとても大切です。

集団でいるときは、慎重に言葉を選んで発言します。

自分の考えを口にするよりも、人の話を聞くことや、よい質問をすることを好みます。


現在のように、誰もが声高に主張することがよしとされる世界では、あなたが静かに観察したことや、その独創的なアイデアは、十分に他の人の耳に入っていないかもしれません。

しかし、会話に加わらなければ、せっかくのアイデアが実現されることも、それによって変化をもたらすこともできません。

あなたは周りの人から、自分が思っている以上に発言を期待されています。

あなたがよく物事を考えていて、その言葉に影響力があることを知っているからです。

また、あなたのような内向的なタイプの人は、質問をすることでグループの議論によい影響を与えられます。

みんなが人の注目を集めようとしている世の中では、内向的な資質を持つ人はとても貴重な存在です。

あなたはチームから、「普段から人の話をよく聞き、物事を深く考えている人」として意見を求められるかもしれません。そのときには、自分の意見をはっきりと伝えましょう。

いざというときのために、それまでに蓄積した知識やアイデアをメモしておきましょう。

どんな製品やプロジェクト、組織も、よい未来を描くビジョンから始まります。

あなたは、新しいグループや取り組みのためのビジョンを描くことにモチベーションを見出すタイプです。

ビジョンは、プロジェクトの開始段階だけではなく、チームが日々共通の目標に向かって前進するためにも必要です。

チーム全員が大きな視野で物事を考えたり、よい未来を想像したりする手助けをしてくれるメンバーがチーム内にいることには、大きな価値があります。

あなたには、チームに成長や希望、幸福をもたらす力があるのです。

ビジョンを描くとは、ただ壮大なアイデアを示すことではありません。

それは、チームがどのアイデアに取り組むかを決定し、そのアイデアを言葉にして明確な目標にし、チームを前進させ、共通のミッションにメンバー全員の意識を向けさせることです。

ビジョンを描くときは、できる限り多くの人に恩恵をもたらすものになることを目指しましょう。

あなたにビジョンを描くことを求めている人に、「私たちの仕事は、多くの人によい影響を与えるものになる」ことを理解してもらえるようにしましょう。


アイデアが多いと、時間と資金を投資するのにどれがいちばんふさわしいかを見極めるのが難しくなります。

そのため、早い段階でアイデアをテストすることが重要です。

多くの人に恩恵をもたらすアイデアと、そうでないアイデアを見分けましょう。


あなたは大きな絵を描くことができる豊かな発想の持ち主です。

加えて、アイデアを素早く選別し、重視すべきものと捨てるべきものを見極める才能もあります。

その能力を磨いていきましょう。

チームに貢献する

- あなたには、アイデアを思い浮かべ、じっくりと物事を考えるために、1人の時間が多く必要です。1日のスケジュールの中に、1人になる時間を組み込んでおきましょう。
- あなたは、大勢での議論に効果的に参加するのに、他の人と同じくらい多く発言をする必要はありません。時折、要点をついた質問をしたり、熱心に人の話に耳を傾けたりすることで、大きな貢献ができます。
- 1人でじっくりと熟考したら、その結果を誰かに伝えましょう。周りの人が聞くに値する、よく考え抜かれたアイデアになっているはずです。
- あなたは長期的な視点で物事を考えようとします。この資質は、チーム全体が有意義な仕事に目を向けるうえで、大きな財産になります。自分の特性を活かし、メンバーが広い視野で物事を見るのを手助けしましょう。
- あなたは周りの人から、大きな絵を描くことを期待されているはずです。大勢の人やチーム全体に対し、あなたが見ているビジョンをうまく説明するための方法を探りましょう。人に何かを伝えるうえで効果的な言葉やフレーズ、ストーリーを見つけたら、メモしておきましょう。

● 2、3カ月に一度は、新しいアイデアや製品、サービスについてじっくりと考えることに丸1日を充てましょう。既存のものの改善ばかりに時間を費やすのではなく、ゼロからつくり上げられるまったく新しいものについて考えてみましょう。周りの人は、まったく新しいアイデアでグループ全体の考えを一歩前に進める誰かを求めています。

周りの人に貢献する

● 価値ある人間関係は、個人的な交流の中で1つずつ築かれていくものです。あなたは、大勢の人で賑わう場よりも、1対1でじっくり話し合うほうがよい人間関係をつくりやすいタイプです。

● 思考のための1人の時間をつくる必要があるのと同じように、1対1でじっくり誰かと会話をするための時間をつくりましょう。会話をしながら、相手のことをよく理解することにつとめ、その人のために何ができるかを考えましょう。

- 静かに自分と向き合い、物事をじっくりと考えるための時間を確保することの価値を、所属するグループに伝えましょう。1日中会議ばかりしていたり、常に誰かが何かを発言したりしているような環境では、現状を冷静に観察し、学ぶための時間がとれなくなります。

- 普通の人は、あなたのように明るい未来を想像することが得意ではありません。周りの人と一緒に時間を過ごし、ビジョンの描き方についての手ほどきをする機会をつくることを検討してみましょう。

- グループやチームで話し合いをするときは、議論のテーマを「世の中にどう貢献するか」、「自分たちの取り組みが最終的にどのように周りの人の生活を向上させるか」に方向づけましょう。どんな集団にとっても、話題を常に「貢献」に向け直してくれる人はとても貴重な存在です。

- 自分が思い描いている将来のビジョンを多くの人に伝えるための新しい方法を見つけましょう。大勢の人の前で発表をする、記事を書くなどを検討しましょう。

最大限の貢献をするために健康になる方法

- 「運動」と「考える時間」を組み合わせる方法を探しましょう。自然の中を歩く、ランニングをする、友人と一緒に自転車に乗る、といった時間ほど、創造性を刺激してくれるものはありません。
- 食生活、運動、睡眠を改善するために過去に試したことのある方法の中で、何が効果的だったかを考えてみましょう。最も効果的だったものに、改めて取り組んでみましょう。
- よく学び、考えるためには、毎日7、8時間ぐっすり眠ることが重要です。睡眠は、今日学んだことを脳に定着させる働きと、明日学ぶための活力を生み出すために欠かせません。熟睡できるように、寝室の環境を改善する方法を考えましょう。
- 将来のビジョンを描くときは、日々を健康的に過ごすための新しい方法を取り入れることも含めましょう。エネルギッシュで、創造的で、インスピレーションに満ちた存在となり、周りの人からの期待に応えましょう。
- まとまった時間をつくり、1年後の健康状態を今よりもよくするための計画を立ててみましょう。食事、運動、睡眠をどう変えるか、具体的な作戦を考えます。

●チームや組織、コミュニティを健康的にするための仕組みを変えることも検討してみましょう。周りの人の健康を改善するには、個人の行動だけではなく、全体の仕組みを変えなければならない場合が多くあります。あなたには、周りの人が明るい未来を想像するのを支援するための独自の視点があります。このビジョンを描く力を活かし、周りの人の健康を向上させるための構造的な変革に取り組みましょう。

第8章

「関係づける力」で貢献する

つながる力

――「埋もれた声を拾い上げる」ことで貢献する

「相手を理解するには、その人の視点で物事を考えなければならない」

ハーパー・リー（アメリカの小説家）

あなたには、人と人を結びつける天賦の才能があります。

新しい会話の火付け役にもなれるし、途切れがちになった会話を再び盛り上げることもできます。

人が集まる場所で中心的な存在として振る舞い、集会やパーティー、イベントで人

図表8-1 「関係づける力」の4要素

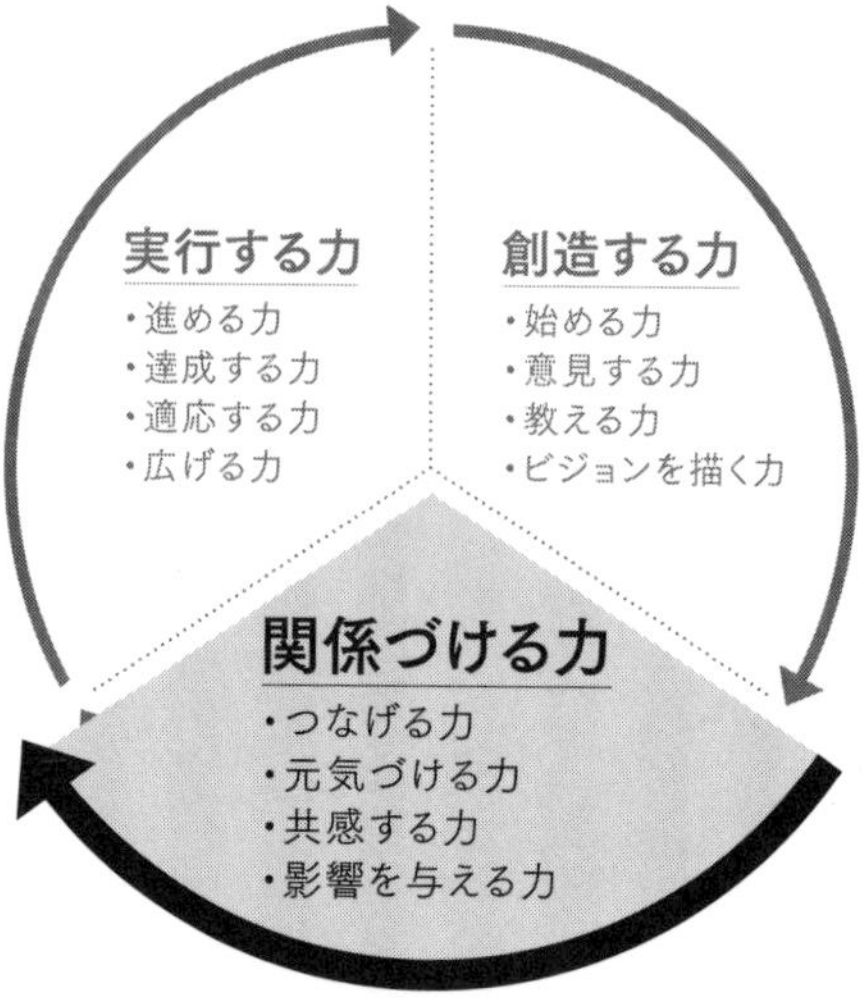

に出会いをもたらします。

あなたは広い人間関係の中でコミュニケーションをとることで活気づくタイプです。

大勢での会話を、生き生きとしたものにできます。

人を結びつけるためには、時間と労力がかかることもあります。

誰もが、あなたのように自然に会話を始めたり、自由に話したりする能力を持っているわけではありません。

そのためあなたは、会話の途中で相手に質問をしたり、相手に話をするチャンスを与えたりするといった気配りが必要になる場合もあります。

グループ全体に活気を与えるために、メンバー1人ひとりが活発に発言できるようにしましょう。

大切な人たちと豊かな時間を過ごすことほど、私たちの幸福度を高めるものはありません。

だからこそ、あなたのように人をつなぎ、会話を盛り上げる能力を持った人材が、どんなグループや組織にも不可欠なのです。

自分の会話がどのように人を引き込み、周りの人に影響を与えているか、客観的に観察してみましょう。

あなたは、重要だと思うことのために声を上げられる立場にもあります。

他者を擁護することでもモチベーションを高められます。

必要とされるときは、これらの人の声を代弁してあげましょう。

あなたが話を聞いてくれることを知った友人や同僚からは、信頼され、アドバイスを求められるようになるでしょう。

あなたが価値を信じている製品やサービス、チーム、取り組みのよさを周りの人に伝えることでも、周りの人に影響を与えられます。

あなたには、個人や取り組みを強力にサポートする力があります。人やプロジェクトが後押しを必要としているときには、協力できないか検討しましょう。

このようなとき、あなたは迅速なサポートを提供できます。

世の中には、誰もが重要だと強く感じていても、大きな声を上げにくいテーマがたくさんあります。

こうしたテーマは公の場や政治の場では議論されても、学校や職場、地域社会ではあまり話題になることはありません。

あなたは個人や意義ある何かのために立ち上がるのが得意なはずです。常にその機会を探しましょう。

チームに貢献する

● あなたにはグループをまとめる才能があります。チーム全体の力を高めるために、どの人とどの人を結びつければよいかを考えてみましょう。

● あなたは周りの人の人間関係を活性化するための重要な役割を担っています。身近な人間関係を頭に描くか、紙に書き出してみましょう。どのつながりを強化することが、近い将来に最もグループ全体への貢献につながるかを考えてみましょう。

● 周りの人にあなたの仕事の重要性を理解してもらうには、その使命と目的を明確に伝えなければなりません。あなたには、最も重要なことを言葉ではっきりと説明できる能力があります。あなたの仕事の意義を周りの人に理解してもらいましょう。

● あなたが最も価値を信じているものを周りの人に伝えましょう。信念や深い考えに根ざしていれば、その素晴らしさは周りの人に伝わりやすくなります。

● 最も信頼し、大切にしている人について考えましょう。その中で、大きな価値を生み出している人を1人2人思い浮かべてみます。その人たちと話をする機会をつくり、そのキャリアや人生の素晴らしさを周りの人に伝えるためにはどうすればよいかをじっくりと考えてみましょう。

- 重要な製品やサービス、ミッションを多くの人に届けたいときは、積極的にチームを成功に導きましょう。「物事の価値をうまく伝えられる」というあなたの能力を活かし、これらの製品が長期的にどのようにメリットをもたらすかを見込み客に理解してもらいましょう。

周りの人に貢献する

- あなたにとって会話を始めるのは自然なことかもしれませんが、たいていの人はそれを苦手にしています。大勢が集まるイベントに参加しているときには、うまく話が弾んでいないグループを探してみましょう。あなたの特性を活かして話を盛り上げ、気まずい空気を変えましょう。
- あなたがつなげた人間関係は、あなたが関わらなくなった後も発展し、将来的に世の中によい影響を与えるものになるかもしれません。多様な人や考えを結びつけることをあなたの使命としましょう。

- 一緒にいて最も楽しい人と過ごす時間を増やしましょう。かなり外向的な人でさえ、1週間の中で社交的な時間を十分にとれていないことがあります。今日からでも、あなたを元気にしてくれる人と一緒に過ごす時間を増やしてみましょう。
- 会議や集まりの席では、意見を述べてもらいたい人を探しましょう。あなたが発言を促さなければ、この人たちの貴重な意見を全員が耳にする機会が失われてしまいます。
- あなたは誰かの代弁者になれるので、「この人に頼めば、自分の意見を大勢に広めてもらえるはずだ」と周りの人から期待されます。控えめな友人が何かを言いたそうにしているときは、自分の代わりにあなたに大勢に伝えてほしいことがあるのかもしれません。相手の意図を敏感に察知できるようにしましょう。
- あなたには不公平や不正を見抜く優れた能力があります。周りの人から多様な意見を引き出し、全員が公平さを感じられるようにして、グループの将来の方向性によい影響を与えましょう。

最大限の貢献をするために健康になる方法

- 日々の運動を、できる限り誰かと一緒にしてみましょう。身体を動かそうという意欲もわき、1人でするよりもたくさん運動ができるようになります。
- 社交的に過ごしていると、外食が多くなりがちです。出かける前にヘルシーなものを少し食べておく、「手を出さない食べ物」について自分でルールを決めておくなどして、身体によくないものを食べたくなる誘惑に負けない方法を見つけましょう。
- 誰かと会うときには、一緒にジムに行く、散歩をするなどの運動と組み合わせ、前向きでエネルギッシュな交流ができるように心がけましょう。よい効果があることを確かめられたら、周りの人にも同じことを勧め、よい影響が周囲にどう広がるかに注目してみましょう。
- 健康管理の面で素晴らしい手本となる友人や同僚を見つけましょう。この人たちの元気の秘訣を探ります。学んだことを実践し、周りの人にもそれを伝えて、グループ全体が恩恵を受けられるようにしましょう。
- 食生活の改善、よい睡眠のためのヒント、運動の習慣化などについて、これまでに見聞きした中で最も効果的なアイデアは何かを考えてみましょう。効果があったものや、他の人にも学んでほしいものについて、積極的に伝えていきましょう。

●日々の仕事の中で身体を動かす方法を考えてみましょう。何時間も座りっぱなしにならないようにする方法を考え、周りの人にもそれを実践するように勧めましょう。

元気づける力

――「周りの人を笑顔にする」ことで貢献する

「自分自身を見つける最良の方法は、他者に尽くすことに没頭することだ」

マハトマ・ガンジー（インドの独立運動指導者）

あなたは人を元気づけるタイプです。

周りの人の日々の生活に喜びをもたらし、幸福度を高めます。

誰かによい刺激を与えて活気をもたらすことがモチベーションになります。

仕事を通じて周りの人を笑顔にし、笑わせ、楽しませる方法を探しましょう。

ツールや言葉、ストーリーを使って、あなたのアイデアを友人や家族、同僚に生き生きと伝えてみましょう。

人からよいインスピレーションを受けると、誰もが創造的になり、短時間で多くのことを達成できるようになります。

物事の本質を解き明かし、周りの人に「自分たちはなぜ今このようなことをしているのか」を思い出させましょう。

この基本的な「なぜ」に立ち返ることで、人は日々の仕事に取り組む意欲を新たにできます。

あなたがこうしたインスピレーションを与えることで、周りの人は今この瞬間をより楽しめるようになります。

幸福感は、1日や瞬間という短い時間の中で経験する物事から生じることが多くあります。

あなたは「周りの人を元気づけることが得意である」という資質を活かすことで、職場にいる人の働く意欲を高め、周りの人の日々の幸福度を高められます。

周りの人が普段の1日を喜びに満ちたものとして過ごせるように手助けしましょう。

これからの時代、従来型のオフィスに人が集まり続ける大きな理由は、1人でもできる仕事をすることではなく、人間関係を築き、互いに刺激を与え合えることです。

これは、あなたが大きく貢献できる分野です。

どのようなグループや組織にも、その中核には、「周りの人に尽くす」という使命や願いがあります。

あなたは、家族や友人、同僚、顧客、地域社会、崇高な目的などのために尽くすことでモチベーションを得るタイプです。

あなたはそれを、仕事を通して直接的かつ有意義な方法で実践できます。

日々を過ごしていると、「仕事の手を止めて、誰かのために気を配り、何かをしてくれる人」の存在を当たり前だと見なしてしまいがちです。

しかし、人と接する、気づかう、慰める、元気づけるといったこうした小さな瞬間をもたらしてくれる人はとても貴重です。

こうした瞬間こそが、私たちの日々の幸福を形づくっているものなのです。

仕事で人のために尽くしているときは、自分のしていることがその瞬間にどのような影響を生んでいるかに目を向けましょう。

電話口の顧客の怒りを静める、子どもたちを笑顔にする、といった小さな瞬間の価値を、私たちはめったに気に留めることはありません。

しかしこれはまぎれもなく、価値ある貢献なのです。

大切な人たちが必要としていることに対処するだけでなく、それを予測できるようにしましょう。

こうした心がけは、あなたが将来的により広く地域社会に貢献し、次世代のためのより持続可能な環境をつくり上げることにもつながっていきます。

突き詰めれば、自分を超えた大きな目的のために尽くすことは、あなたの身のまわりの人を元気にすることなのです。

チームに貢献する

- 言葉は、世の中に大きな価値をもたらします。感動させ、記憶に残るような言葉を使って、周りの人を喜ばせ、楽しませ、大きな何かの達成を促すような刺激を与えてみましょう。
- 楽しくなければ、仕事を何十年も続けることはできません。それまで難しい顔をしていた人が、あなたと交流したことでどれくらい笑顔になるかを見てみましょう。これは、あなたが日々、周りの人をどれだけ元気にしているかを測るためのよいバロメーターになります。

- 周りの人が自分の仕事に喜びや意義を感じられるような「ストーリー」を伝えましょう。自分の仕事が他者の生活にどのように役立っているのかを具体的に目にすることは、仕事に意味を見出すうえでおおいに役立ちます。「こうしたストーリーを全員が共有することは、将来的にチームのよい仕事につながる」と周りの人に伝えましょう。
- あなたは、自分の仕事が大きな目的につながっていることを他の人よりも簡単に理解できます。この才能を使って、周りの人が、日々の小さな努力がどのように有意義な何かにつながっているのかを理解できるようにしましょう。
- 仕事を通じて尽くしている人への理解を深めるために、今日できることを1つ考えてみましょう。何人かに質問をしたり、インタビューをしたりしてみましょう。この人たちが将来何を必要としているかを予測するための新しい方法を探ってみましょう。

● あなたの仕事が、将来に向けてどのように周りの人によい影響を与えていくかについて、じっくりと考えてみましょう。あなたの日々の仕事と、仕事を通じて尽くしているあらゆる人との間にある大きなつながりは、どのようなものでしょうか？

周りの人に貢献する

● 現代の職場では、笑いと遊びの価値が過小評価されています。同僚たちが普段の仕事をもっと楽しめるようにするためにあなたにできることは何か、案を2、3個考えてみましょう。

● 人は、革新的、創造的に仕事をするためのインスピレーションを求めています。職場の人が創造的な試みに多くの時間を費やせる（それがその人たちのパーソナリティや仕事に合っている場合）ようにするために、あなたには何ができるでしょうか。どのような仕事にも、創造性を高める余地はあるものです。

● 抽象的で複雑な問題を周りの人にわかりやすく説明しましょう。あなたは、情報を整理し、多くの人にそれを伝えることを楽しめるタイプです。これを普段から実践していれば、重要なアイデアやプロジェクトを迅速に広められるようになります。

- 今後1年、「世の中によりよいサービスを提供する」という目標に向けてチーム全体を支援することに力を注いでみましょう。あなたの努力によって、「多くの人にリーチする」というミッションを周りの人に広げていけるかどうか、確認してみましょう。
- あなたは、必要なときに人を慰めることが得意です。サポートを求めていると思われる友人や同僚を頭に2人思い浮かべ、近いうちにその人たちと一緒に時間を過ごしてみましょう。それだけで、相手の精神状態は安定し、幸福感が高まるはずです。
- あなたが人やグループの間に橋を架ければ架けるほど、影響を与えられる聴衆やコミュニティは大きくなります。毎日少しでもよいので、「人と人とを結びつけ、日々の仕事の重要性を理解してもらうための時間」を意識的につくりましょう。

最大限の貢献をするために健康になる方法

- 誰もが、「もっと身体を動かそう！」という気分にさせてくれる何かを求めています。

周りの人に、「日々の生活に運動を取り入れる工夫をしよう」と思わせるような、よい刺激を与えてみましょう。

- 健康管理をすることが、日々の一瞬一瞬を楽しみ、幸福度を高めるための鍵であることを周りの人に伝えましょう。十分な睡眠をとり、健康的な朝食をとることで、1日中活動的に過ごしやすくなり、健康と幸福度の好循環が生まれます。
- どの専門家からも認められている健康によい食品のリスト（葉物野菜や、ナッツ、豆類など）をつくりましょう。そのリストに基づいて周りの人に正しい情報を伝え、ちまたにあふれる食べ物に関するさまざまな情報に惑わされないようにしてあげましょう。
- 一度に複数のことを同時にするのが得意なら、日中の行動と運動を組み合わせてみましょう（電話やパソコン作業を、立ったり歩いたりしながらする、など）。
- 人のためにと思って無理をしていると、あなたの健康を損なうこともあるかもしれません。自分のことも大切にしましょう。周りの人も、困ったときに頼りになるあなたに、まずは自分の健康に気をつけてほしいと思っているはずです。
- すぐに効果が期待できる健康的な習慣をいくつか考えてみましょう。早朝のランニングをすれば、1日をもっと気分よく過ごせるかもしれません。いつもより30分早く就寝すれば、昼間にもっと元気でいられるかもしれません。新しい習慣を取り入れることで、体調がどう変化するかに注目してみましょう。

共感する力

――「人の感情を察知する」ことで貢献する

「人はあなたが言ったことを忘れるし、あなたがしたことも忘れる。しかし、あなたにどんな気持ちにさせられたかについては決して忘れない」

マヤ・アンジェロウ（アメリカの詩人、公民権運動家）

あなたは人の感情を察知することが得意なタイプです。

人と人との間に強い絆をつくりだす才能があり、争いの中にも共通点や合意を見出せ、聞き上手なのでどんな人とでも仲よくなれます。

周りの人からはよく相談をされますが、それが負担になることもあります。

友人や同僚が傷ついていると、あなたの気分も落ち込むことがあります。

この間接的なストレスが自分にどんな影響を与えているのかを知っておくことで、周りの人のために無理をしないように自分にブレーキをかけられるようになります。

感受性が高いあなたのような人は、1日を過ごす中で、周りの人のさまざまな感情を察知できます。

自分の感情を隠さずに伝えられるし、相手の気持ちに合わせられます。

このような存在は、周りの人にとって大きな財産になります。

同僚や顧客、友人たちが良好な人間関係を保つには、相手の気持ちを推し量ることのできる人との小さなコミュニケーションがとても大切だからです。

相手の感情を敏感に読める人がいれば、職場のチームはサービスを提供する人に不安や疎外感を与えないよう配慮することもできます。


敏感であることが大きな問題になる場合もあります。

誰かの無神経な一言に、必要以上に心を痛めてしまうことがあります。

ある判断について後悔すると、それが過度に気になり、ストレスを溜めてしまいがちにもなります。

繊細な感性を持つ人がいると、周りの人は落ちついた気持ちでいられます。

その場の感情的な空気をつかむのがうまいあなたのような人がいるからこそ、集団のコミュニケーションを滞りなく進められるのです。

自分の感受性が会話にどのような影響を与えているか、誰が会話を深く理解する手助けをしているかなどを観察してみましょう。

グループ全体の感情の変化を測る「温度計」のような役割を担っていることがわかるはずです。


あなたは、グループやチーム、家族をつなぎとめている接着剤です。

あなたの気配りがあるからこそ、周りの人は多様性や包容力を保てるのです。

自分の存在が友情や人間関係、成長にどんなプラスの作用をもたらしているか、意識して観察してみましょう。

チームに貢献する

- 「有意義な仕事は、よい人間関係から生じる」ことを周りの人に示しましょう。
- 相手の感情を察知するのが得意なあなたの資質を活かして、グループやチームに自分たちがしていることの本来の意義を思い起こさせましょう。

● グループの中に、疎外感を味わっていて、助けを必要としているメンバーがいないか気を配りましょう。そのようなメンバーがチームの大きな使命に加わるのを支援しましょう。

● 私たちが日々体験する瞬間の価値を高めているのは、人との交流の中で味わう喜怒哀楽です。あなたには、相手の感情を読み取り、その人が何を考えているかを推測する高い能力があります。この能力を活かし、相手がいつまでも心に残るような瞬間を体験するのを支援しましょう。

● あなたは、グループやチームの全体的な感情に自分を合わせられます。この能力を、人を教育したり、情報を知らせたりすることに役立てましょう。あなたのおかげで、周りの人は「あわてず、メンバー全員の意見を聞いてから判断しよう」と気づくことができます。

● あなたの気分やストレスレベルは、1日の出来事によって浮き沈みしやすくなります。そんなときには、周りの人のことはあまり気にしないようにしましょう。「私は大きく有意義な目標に向かっている」と、自分に言い聞かせるのです。

周りの人に貢献する

- 「よき友人であり、よき聞き手である」という評判をさらに高めるような行動をとりましょう。あなたのこのような資質は、これからの時代ではますます貴重なものになり、周りの人にさらなる価値をもたらすことになるでしょう。
- 関係がうまくいっていない2人がいたら、話をさせるために間に入りましょう。私生活や職場で良好な関係を築くべき相手と気まずくなり、コミュニケーションがとれなくなると、仕事上にもマイナスの影響が出ます。あなたが間をとり持つことには大きな価値があります。自信を持って仲裁をしましょう。
- あなたは思いやりがあるため、他者の問題のために心をすり減らしてしまうことがあります。人間関係に費やせるエネルギーには、誰にも限りがあることを心に留めておきましょう。
- あなたは周りの人から、共感を持って話を聞いてくれる人物だと知られているはずです。深い会話を求めている友人や同僚はいないか、普段から目を向けておきましょう。

●些細なストレスで1日を台無しにしないようにしましょう。相手の気持ちに敏感であるのはよいことですが、それが精神的な負担になる場合もあります。人間関係に悪影響を与えないように、ストレスの対処方法を学んでみましょう。

●物事を判断することで、他の人より消耗しやすいのを自覚しましょう。周りの人に、「物事をシンプルにし、大げさにしないと、私はポジティブな気分を保ちやすい」と伝えましょう。

最大限の貢献をするために健康になる方法

●他者のニーズに敏感なだけに、あなたにとって自分の健康を第一に考えるのは難しいことかもしれません。しかし、そうすることはとても重要です。誰かに尽くし、愛する人の世話をするために、自分のベストを尽くせる元気を得られるからです。

●人と交流するときは、運動と組み合わせましょう。友人や同僚の話に耳を傾けるのに最適なのは、一緒にウォーキングをしているときです。電話をしているときも、椅子にじっと座っているのではなく、立ち上がる、歩くなどしてみましょう。

- 友人や同僚が「体調管理のために実践している食事法や睡眠法」の話をしたら、興味を示してあげましょう。相手はこれらの健康法を継続する意欲を高めるはずです。この人たちの方法を手本にして、自分の生活にも取り入れてみましょう。
- ストレスを減らし、不機嫌な気分にならないための最善策は、定期的に運動をし、日中もできるだけ身体を動かすようにすることです。毎朝、少し強めの運動をして心身を整え、その日の出来事に備えるようにしましょう。
- 食事（特に朝食）が、日中の体調にどう影響しているかを観察してみましょう。朝食や昼食を軽めに抑えれば、1日を通して活力を保てるようになるはずです。
- 普段よりストレスを多く感じた日は、十分な睡眠をとれば翌日に向けて心身をリセットできます。就寝前の数時間は、電子機器や明るい光を避けて、リラックスして過ごしましょう。

影響を与える力
――「強い信念を貫く」ことで貢献する

「誰も、世界をよくするための行動をとるのに一瞬たりとも待つ必要などありません。それは、なんと素晴らしいことなのでしょう」

アンネ・フランク（ユダヤ系ドイツ人の少女。『アンネの日記』の著者）

あなたは自分の信念を曲げず、粘り強く物事を成し遂げていくタイプです。

その言動には説得力があり、周りの人にも強い影響力があります。

他の人が考えや行動をコロコロと変えていく中でも信念を貫き、障壁に直面しても乗り越えていきます。

そのため日々の仕事の中でも多くを成し遂げられます。


あなたは価値ある人物やアイデア、製品、ミッションについての情報を多くの人に届けることで、周りの人を新たなパートナーシップや人間関係に結びつけることもできます。

他者の生活を向上させるような価値ある新しいアイデアがないか、常に目を光らせましょう。

あなたには、大勢の人に「なぜこの話に耳を傾け、注意を払う必要があるのか」を理解させる力もあります。


まずは、あなたが情熱を燃やせ、信念を持てるテーマについての情報を集めることから始めましょう。

次に、それらの情報をまとめ、まずは身近な人に、次により多くの人に伝えていきましょう。

ときどき一歩下がって全体を俯瞰《ふかん》し、そのテーマを将来的にさらに大勢の人に伝えるために、もっと大きな影響力を持つにはどうすればよいかを考えてみましょう。

永続的なレガシーを築けば、周りの人に末永く影響を与え続けられるようになります。

自分の考えを貫くには、時には反対意見を持つ人との議論も避けられません。どのようなグループであれ、議論は必要かつ自然なことです。しかし、普通の人はあなたほど意見の対立を好まず、自分の立場を強く主張しようともしません。

そのことに留意して、相手が強く意見を主張したときはそれによく耳を傾け、独断的にならないように注意しましょう。

強い信念を持ち、それを貫こうとする人は、グループや組織がよりよいものになるために欠かせません。

他の人が不可能だと思っていたような新しい何かを成し遂げるのは、粘り強い人です。

積極的な議論を求めるあなたの意志は、時に対立を生むかもしれません。しかしその強い決意は、グループの使命を前進させていきます。

関心のある業界や分野で今起きている新しいアイデアについて考えてみましょう。

これらの分野が今後どのような方向に向かっているのかを深く探り、自分たちのチームに新しいアイデアを取り入れられないかを考えます。アイデアの実現に向けて多くの人を巻き込んでいくために、それを最も効果的に言葉で表現するにはどうすればよいかを考えましょう。

投資する価値のあるアイデアやテーマに出会ったら、何年、時には何十年かかっても、周りの人にそのよさを伝え続けましょう。

チームに貢献する

- あなたには、より大きなアイデアやより有意義なプロジェクトに携わりたいという願望があるはずです。現代人は、日々、目に飛び込んでくる大量の情報に気を取られがちです。自分の特性を活かし、粘り強く1つのことに取り組むことで、長期的な視点で周りの人の視野を広げる役割を担いましょう。
- 世界的な専門家になりたいテーマを決めましょう。そのテーマを徹底的に学び、幅広い人に伝えるための入念な計画を立てましょう。

- 最高のアイデアも、「このアイデアに耳を傾けるべきだ」と訴える人がいなければ、誰にも影響を与えられません。世の中に伝えるべき人物や製品、サービスを見つけ、そのよさを広めましょう。
- 永続的な価値を持つ仕事をするためには、粘り強さが必要です。強く信じていることがあるのなら、その信念を裏付けするために、さらに深く学び続けましょう。
- あなたはその粘り強さを活かすことで、人よりも多くのことを成し遂げられます。この特性を活かすことで、これからの1年間で、あるアイデアをどれだけ多くの人に伝え、影響を与えられるようになるかを考えてみましょう。
- あなたには、知っていることや信じていることを好む傾向がありますが、新しいことにも挑戦してみましょう。普段一緒に過ごすことのない人と話をする、新しい食べ物を試す、などをしてみます。なじみのあるものを楽しむのは素晴らしいことですが、新しい経験も積極的に人生に取り入れていきましょう。

周りの人に貢献する

- あなたは、自分が信じるアイデアをできるだけ多くの人に伝えることの価値をよく知っています。しかし、あなたと同じようにそのテーマに情熱を持ち、一緒にそれを多くの人に届けようとしている人がいることの重要性も忘れないようにしましょう。
- 人間関係を広げ、情報を伝えていくときは、あなたのメッセージの根底にある客観的な価値や信頼性を理解してもらうようにしましょう。
- あなたがこの世に残せるレガシーとは、築いた人間関係の幅や深さと、あなたが信じていることに興味を持ってくれたたくさんの人の存在のことです。将来を見据え、あなたの影響力を最も効果的に発揮する方法を考えてみましょう。
- 粘り強いあなたは、友人たちから「よいときもつらいときも頼れる存在」と見なされているはずです。大切なアイデアの価値を伝えるときも、あなたがそれに粘り強く取り組んでいることを理解してもらい、説得力を高めましょう。
- 議論を好んだり、自分の信念に固執したりする傾向があると、友人や同僚と衝突しやすくなります。あなたのように、そうしたことを楽しみ、そこから学べる人もいますが、議論や意見の対立を恐れたり怯えたりする人がいることにも注意しましょう。

●あなたは、何かを成し遂げようとしている友人から助けを求められることがあります。こうした機会を活かし、協力して一緒に何かを成し遂げたり、関心のあるテーマを友人の視点から学んだりしましょう。

最大限の貢献をするために健康になる方法

●誰かが健康的な選択をするよう手助けすることほど、あなたの影響力を有意義に使う方法もありません。すぐに役立つ健康関連の知識を頭に入れておき、身近な人との会話で使ってみましょう。相手が日々元気で過ごせることに役立つはずです。

●日常生活の中で身体を動かす機会を増やす方法を、周りの人に具体的に説明しましょう。本格的な運動には興味がない人でも、日々の生活の中で工夫して身体を動かすことには興味を持ってくれる場合があります。

●あなたには他者の意見や選択に大きな影響を与える力があります。周りの人からよいお手本として見られることが多いだけに、あなたの健康法や食事法を通じて「健康第一」というメッセージを周りの人に伝えることには大きな意味があります。

● 過去に試した中で最も効果的だった運動習慣を思い出し、その運動を習慣化するための計画を立てましょう。

● 運動、睡眠、食事を記録するシステムをつくりましょう。あなたの性質上、進捗状況を把握することで、健康管理を人よりもうまくできるようになります。複雑なものは不要です。自分を健康的な行動に向かわせるシンプルな方法を探しましょう。

● あなたは、他の人ならあきらめてしまうようなことでも粘り強く取り組めます。食事量、睡眠時間、歩数などで、意欲的な目標を設定してみましょう。

第9章

「実行する力」で貢献する

進める力

――「物事を計画通りに実行する」ことで貢献する

「混乱からシンプルさを見つけなさい。不和から調和を見つけなさい。チャンスは、困難の真ん中に転がっている」

アルベルト・アインシュタイン（理論物理学者）

あなたは、物事を整理する、まとめる、計画通りに進行させるなどの能力が優れているタイプです。

次に何が起こるかを予想して、前もって準備できます。

図表9-1　「実行する力」の4要素

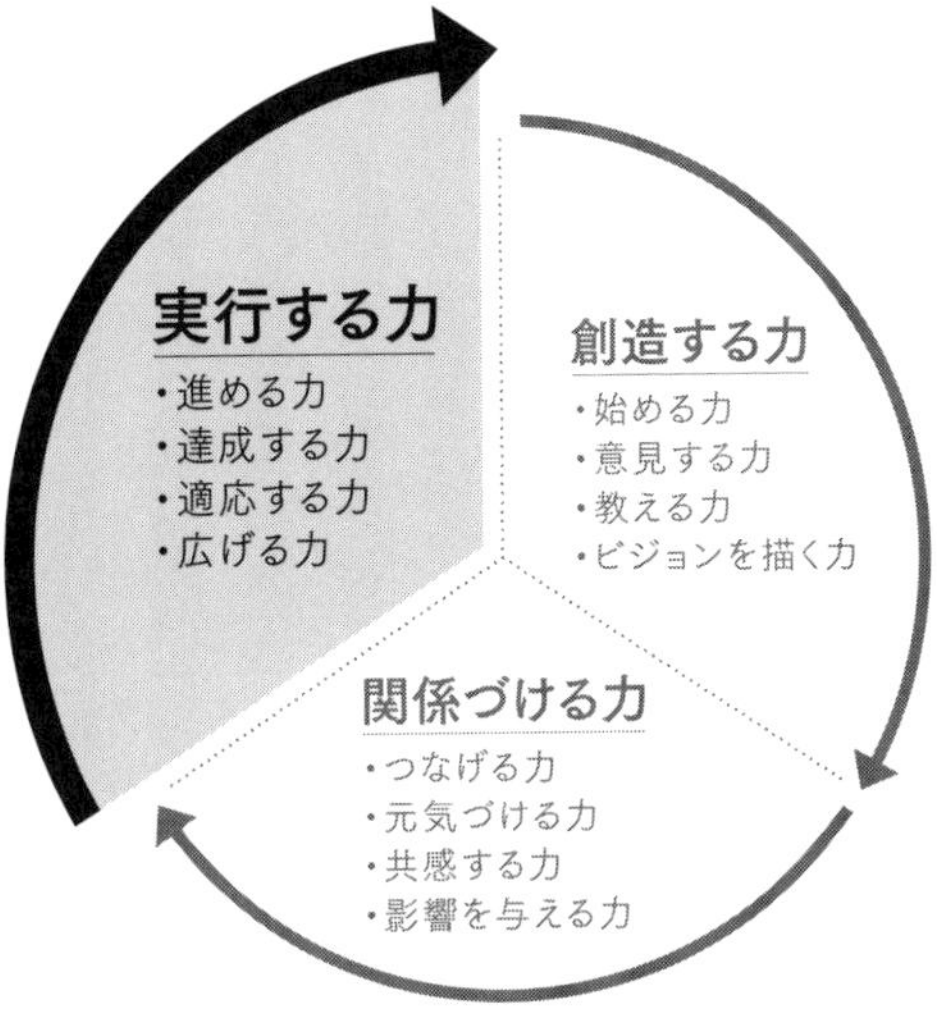

周りの人からも「約束の時間に遅れたりしない人」と信頼されています。

このようなタイプの人が注意して意識しなければならないのは、他の人が、必ずしもあなたのように何事にもきちんとしているわけではないことです。

あなたが時間に正確で、何事にも完璧を目指そうとするのは、どんなグループにとってもよいことです。

それでも、時間に遅れ、物事を計画的に進められない人は必ずいます。

そのような人には、前もって何かを準備することをサポートしてあげましょう。そうすることで、あなたも相手の行動が気になりにくくなります。

「進める力」が高い人は、グループや物事を正しい方向に導くことができます。みんなで力を合わせて、質の高い仕事を成し遂げるための原動力になれます。

あなた自身を含め、このような能力の高い人の力で物事がスムーズに進行していることを、ときどき一歩離れてよく観察してみましょう。

あなたは、周りの人が関わっている活動の安全性や信頼性を高めることにモチベーションを感じるタイプです。

そのことで、グループ内には信頼関係が生まれ、自信も高まります。

これは素晴らしい資質です。

安全性や信頼性が確保されているのは、誰にとってもよいことです。

その実現のためには、グループ内でその役割を担う人が必要です。

安全性や信頼性の確保は、グループが共通理解を得るところから始まります。

問題が生じたらその原因を特定して、メンバーが安心感を得られるようにします。製品開発でテストを繰り返し、欠陥を取り除いていくのと同じです。あなたが周りの人が安心できる状況をつくることで、グループの成長スピードが将来に向けて速められていくのがよくわかるはずです。

チームに貢献する

- グループや組織が強い影響力を持つためには、具体的な計画が必要です。計画がなければ、アイデアは決して実現しません。チームが新しい製品やサービス、イベントを価値あるものにするために、必要なステップを明確にするのをサポートしましょう。
- あなたは、物事を事前に考え、しっかりと計画を立てる傾向があります。この特性を活かし、周りの人が将来何を求めるようになるかを予測してみましょう。
- グループやチームが、顧客の期待に応えることの重要性を理解するのを支援しましょう。あなたは、顧客やクライアントの声を代弁できます。

● 何かを成長させ、大勢の人に影響を与えられるものに育てるには、それを可能にする仕組みが必要です。今、将来のための何かに取り組むことで、長期的には大きく時間を節約できるようになるのをチームに理解してもらいましょう。

● グループやチームで何かに取り組む際に大切なのは、適材適所を心がけることと、進むべき方向性について全体的な合意があることです。あなたはこうした人材配置や全体の方向性について、チームが合意形成をするうえで重要な役割を担えます。

● あなたの努力は、時間はかかるかもしれませんが、周りの人の安全・安心を守るために大きく役立っています。その瞬間には目に見えないかもしれませんが、これは周りの人によい経験をもたらし、幸福度を高めるための基礎となる貢献です。

周りの人に貢献する

● あなたは周りの人から、集まりやイベントの企画や調整の適任者だと見なされることが多いはずです。まとめ役を任されることになったら、その機会を活かして有意義な企画を立ててみましょう。

- 整理整頓が得意なあなたの能力を活かして、友人や家族のサポートをしましょう。人によっては、いくら努力しても物事を整然と保つことは簡単ではありません。
- あなたは周りの人から頼りにされることがあります。困っている友人から相談されたときには、その人が問題解決のための具体的な計画を立てるのを支援しましょう。
- あなたは自分の資質を活かすことで、合意を得る、平和を保つ、対立を避ける、などの方法で組織に貢献できます。職場で、現在抱えている問題について、あなたが意見することで最も恩恵を受けられると思われるチームを1つ選び、そのチームと問題解決のために数時間かけて話し合いましょう。
- あなたはときどき、相手からおせっかいだと思われてしまうかもしれません。それは相手の安全や健康を気にかけているからだということを理解してもらいましょう。相手のことを過度に心配していると受け止められることもあるでしょう。それも、あなたがその人の安全や安心を願っているからだということをわかってもらいましょう。

最大限の貢献をするために健康になる方法

- 運動を日課にすることほど、効果的な健康法もありません。まだ運動を日課にしていない人は、「続けられる仕組み」をうまく組み込んだ、運動の具体的な計画を立ててみましょう。
- 家族や友人、同僚に、十分な睡眠をとるために仕事のスケジュールを組むことのメリットを理解してもらいましょう。みずからこうした計画を立てて実践し、毎晩7、8時間の睡眠時間を確保していることをアピールしましょう。
- 食事の選択肢が限られていたり、健康的な食事をしたりすることが難しそうな場合は、事前に計画を立てておきましょう。たとえば、外出先でも、コンパクトで栄養価の高い軽食を持ち歩くようにします。
- 日常的にストレスや不安を抱えていると、精神的なエネルギーが消耗し、身体にも悪影響が及びます。身近に、強いストレスを感じている人はいないでしょうか。この人たちの日常生活のストレスを減らす方法を考えてみましょう。
- 食事や睡眠、運動のスケジュールをわずかに変えるだけで、たちまち体調が格段によくなることがあります。そのことを周りの人に伝えましょう。たとえば、昼食を軽めにして午後の眠気を減らす、早朝にランニングをして朝のミーティングでよいアイデアを出す、などの方法があります。

達成する力
――「周りの人の手本になる」ことで貢献する

「他の誰かの中途半端な真似をするのではなく、常に最高の自分自身を目指すべきだ」

ジュディ・ガーランド（アメリカの女優）

人は手本となる誰かから多くを学びます。

そのため、優れたロールモデルであるリーダーは常に必要とされています。

あなたは、生き方や働き方、物事の進め方についてみずから模範となることで、大きくモチベーションを高めるタイプです。

言葉よりも、行動で人に影響を与えられます。

誰かが優れたパフォーマンスを示せば、人はたとえ追いつくのに時間がかかるとしても、その人から学び、見習いたいと思うようになります。

グループ内で専門的な役割を担い、ある分野で優れた業績を上げている人がいれば、チームはその人を見本にして早く学ぶことができます。

あなたは、周りの人のロールモデルになることがモチベーションにつながるタイプです。

常日頃から、みんなのモデル、理想的な人物になれるよう振る舞いましょう。

日々の言動や専門性を通して、幅広い人たちに大きな影響を与えられるようになるでしょう。

現代の職場における大きな課題は、よいロールモデルとなるリーダーが少ないことです。

たとえば、部下には「健康を大事にすべきだ」と言いながら、自分は身体に悪い食事をし、運動もせず、夜中にメールをするような上司は、よい手本ではありません。

このようなリーダーが多い現状は、次世代の従業員やリーダーに大きなチャンスをもたらします。

部下の健康と幸福度を最大限に高めることを重視しながら、仕事でも成功を収められるリーダーが、将来の新しいモデルとなるでしょう。

チームに貢献する

- 人の行動によい影響を与えるためのとても簡単な方法は、手本を示すことです。あなたが情熱を注いでいるテーマで、どうすれば人の手本になれるかを考えてみましょう。
- あなたの模範的な行動がどれくらい周りの人の行動によい影響（小さなものでもかまいません）を与えているかを量りましょう。はっきりとした影響が表れるまでは、長くて数年かかることもあります。
- あなたが今、最も高いレベルでできると思うことを1つ選びましょう。そのことについて周りの人の優れたロールモデルになれるように、時間と労力を投資してさらに能力を高めましょう。

周りの人に貢献する

●あなたは友人から、「有言実行の人」と見なされ、信頼されているはずです。だからこそ、これからも自分の言葉に責任を果たし、信頼を失わないようにすることが、人間関係を築くうえで重要になります。

●「基本的なレベルの多くのこと」ではなく、「優れたレベルの少数のこと」で見本を示すことで、周りの人の学びを支援しましょう。「あなたが十分な時間と労力を注いで支援すれば重要な分野で専門家になれるかもしれない人」を今すぐ頭に2人思い浮かべ、その人たちが学ぶのを手助けする計画を立てましょう。

●あなたは人よりも長く、懸命に働きがちです。友人や同僚に自分と同じペースで働くことを期待しないように気をつけましょう。

最大限の貢献をするために健康になる方法

●あなたの行動は、周りの人の間に流行を生み出すことがあります。周りの人から注目されていることを意識し、日常生活では健康的な習慣（食事、運動、何よりも睡眠）を大切にしましょう。

● 健康的な生活をするために、健康に関する1つ以上のテーマで専門的な知識を身につけましょう。学んだことや習慣をどう変えたかを伝えることで、周りの人は刺激を受けてその健康習慣を取り入れるようになるでしょう。

● 自分にとって効果のある運動や身体を動かす習慣を、1つか2つ、毎日実践しましょう。現代の職場で何より必要なのは、日々のスケジュールにうまく運動を取り入れ、周りの人の見本になるような人です。

適応する力

――「臨機応変に行動する」ことで貢献する

「知性とは、変化に適応する能力だ」

スティーブン・ホーキング（イギリスの理論物理学者）

人は、楽しくない環境では多くのことを成し遂げられません。

その場の状況に即興的に対応し、少しでもその場を快適なものにしようとすることは、私たちの人生を豊かにします。

人生は無数の瞬間の積み重ねです。

人とのコミュニケーションの中で生じる小さく即興的なやりとりは、1つひとつは小さくとも、私たちの日々や人生にとても大きな影響を与えています。

人は、予想外の出来事が起こると動揺することがあります。

その一方で、その瞬間の変化にうまく合わせていくことを得意とするあなたのようなタイプの人もいます。

自分の好きなことを大切にし、自由を楽しむタイプです。

このような即興的なタイプは、ルールに縛られない生き方を好みます。

そのため、整然とした方法で物事を進めようとする人と衝突することがあります。

常に、「周りの人は自分ほど即興性を必要とはしていない」ことを忘れないようにしましょう。

また即興性が求められる場面では、あなたの特性を活かし、周りの人がもっと気楽に、その場の流れに合わせて自由な発想で何かができるようにサポートしてあげましょう。

意外性のあることをすると、人生はおもしろく、豊かになります。

自発性がまったく失われてしまえば、仕事や人生は決まりきった退屈なものになってしまいます。

あなたの自発性が、平凡な1日の中でどのように周りの人の気分を盛り上げているかに注目してみましょう。

あなたは、状況が期待どおりに展開しないときにも、周りの人から助けを求められることがあります。

チームに貢献する

- 人生で最も有意義な瞬間の多くは、予想していなかったときに起こります。あなたの軽快さや自発性は、こうした意義ある瞬間を自然に招きます。「いったん何もかも忘れて頭を真っ白にしてその瞬間に意識を向ける」ことで、多くの楽しみや充実感が得られることを、周りの人に理解してもらいましょう。
- あなたは1日の中で小さなことにあまり気を取られたりしません。そのため、周りの人からは場の雰囲気をよい状態に保つことを期待されます。周りの人が日々をもっと楽しく有意義に過ごせるようにするために自分に何ができるか、考えてみましょう。
- あなたは周りの人に流されず、自分にとって大切な優先事項を決めているはずです。友人や同僚にも、もっと自由に自分の判断で物事を決めていけば、よい気分で日々を過ごせることを伝えましょう。

周りの人に貢献する

- 誰でも、即興性や自発性に優れた友人が大きな喜びや幸福感を与えてくれることを知っています。あなたが「気分を盛り上げたいときに周りの人から注目される人であること」に自信を持ちましょう。あなたは周りの人に対してとても大きな貢献をしているのです。
- 冷静になれば簡単に解決できることでパニックに陥り、自分に余計なストレスを与えている人がいないか注意しましょう。あなたには、適切なタイミングで行動をとれる才能があります。その能力を活かして、「起こりそうもないことにストレスを感じて貴重な時間を無駄にする必要はない」ことを周りの人に示してあげましょう。
- 周りの人はあなたほど気楽に物事を考えないことを忘れないようにしましょう。物事を整然と進めたい友人のことを尊重し、一緒に何かを決めるときには妥協点を探りましょう。

最大限の貢献をするために健康になる方法

- 自発性に優れているというあなたの資質を活かして、グループが自由に休憩したり、外出したりするのを手助けしましょう。家族やカップル、職場のチームにとって、天気のよい日に思いつきで屋外を散歩することほどよいものはありません。
- あなたは、自由に時間を過ごすことを好みます。日々、同じスケジュールに従ったりはしません。そのことにはさまざまなメリットがあります。しかし、睡眠時間だけは十分に確保するようにしましょう。そうすることで、日々、周りの人を元気づけられるだけのエネルギーが得られます。
- 日々の生活の中で、気分に合わせて休憩をとり、積極的に身体を動かしましょう。1時間ごとに椅子から立ち上がり、歩いてみましょう。電話や打ち合わせを歩きながらしてみましょう。身体によい食べ物を試し、周りの人に効果を伝えましょう。

広げる力

――「よいものを周りの人と共有する」ことで貢献する

「継続的な成長と進歩がなければ、改善、達成、成功といった言葉には意味がない」

ベンジャミン・フランクリン（アメリカの政治家、物理学者）

組織の成長のためには、時間をかけてより多くの人にリーチする能力が欠かせません。

あなたは製品やサービス、取り組みを多くの人に届けることにモチベーションを高めるタイプです。

その試みからは、大きな見返りが期待できるでしょう。

消費者は、実用的で、便利で、効率的な製品を求めています。

また誰もが、時間と労力を最大限に活用したいと思っています。

そこで大きな価値を持つのが、多くの人に何かを届ける能力なのです。

物事を広めていくためには、効率的な働き方や仕事の進め方が求められます。プロジェクトを迅速に進め、ミッションを多くの人に届けるために必要な方法やテクノロジーは何か、考えてみましょう。

多くの人の役に立つものをつくるために必要な知識や資金の基盤を、今すぐにでもつくり始めましょう。

努力の結果、どれだけ多くの人にリーチしたかを測定しましょう。

定型的な仕事がどんどん自動化されていく中で、物事を規模や時間の面で効率化する方法を考案できる人材は、将来的にますます必要とされるようになるでしょう。

人の時間や労力を節約することには大きな価値があります。

人が自由な時間を増やし、楽しく仕事ができるようにするために、自分に何ができるかを考えてみましょう。

チームに貢献する

● 有意義な仕事をするには集中力が必要です。あなたが製品やサービスを多くの人に届けるために効率化を進めることで、チームは時間を節約でき、重要なことに集中できるようになります。身近にいる人が有意義な仕事や会話をする時間を増やせるように、自分にできることを考えてみましょう。

● あなたの仕事の進め方がクライアントや顧客にとってどのような意味を持つかを考えてみましょう。サービスを受ける側の立場になり、どうすればあなたの仕事を効率化できるか、改善点を1つ挙げてみましょう。

● IT機器には「注意力を散漫にする」という悪い評判があります。しかしこれは、物事を簡単にしたり、アイデアを実現させたりするための素晴らしい道具にもなります。身近な人が仕事にやりがいを感じられるようにするために、IT機器を活用する方法を考えてみましょう。

周りの人に貢献する

- 友人がもっと自由な時間や人と会う時間をつくれるように、効率的な時間の使い方を見つけるのをサポートしましょう。
- サービスの受け手に最大のメリットをもたらせるように、グループが仕事に優先順位をつけるのを手伝いましょう。
- 家族や友人、同僚とよい関係を築くために、時間やエネルギー、お金を投資するのは、人生において最良の投資になります。親しい人たちとの温かいつながりこそが、私たちの日々の幸福に最大のよい影響を与えているのです。

最大限の貢献をするために健康になる方法

- あなたの健康を効率よく高めるための計画を立てましょう。日々の生活の中に簡単に取り入れられ、時間をかけずに健康を保てる方法は何かを考えてみましょう。
- 身体によい食べ物を日々必ずとれるように工夫した、食事のルールを決めましょう。

こうすることで、おいしそうだが身体に悪いものを食べたい誘惑に負けにくくなります。

● 周りの人に、ぐっすり眠ることの重要性を伝えましょう。仕事が忙しいときほど、1日中最高の状態で過ごせるように、十分な休息をとることが大切になります。

オンラインテストの使い方

Contribify（コントリビファイ）のウェブサイト（Contribify.com/ja/）には、個人やチーム向けの情報源、記事、ボーナスチャプター、活動などが多数掲載されている。今すぐサイトにアクセスして、以下の情報源を参照してほしい。

- **ネット・ウェルビーイング（ネット幸福度）**：企業が人々の全体的な幸福度にどのように影響を与えているか、また、チームや組織における幸福度をどのように測定できるかについて、最新の調査結果を掲載したセクション。大企業数社が人々の生活にポジティブまたはネガティブな影響をどの程度与えているかに関して、独自の調査結果も掲載している。
- **認知的多様性を活かしたチームづくり**：あらゆる規模のチームの開発に、Contribifyを活用するための資料。
- **マネジメント、リーダーシップ、未来の職場**：人を育て、未来の職場を先取りするための特別な情報源。2030年の職場に関する15の予測も掲載している。

- **あなた独自の目的**：人がさまざまな仕事で行うあらゆることについての研究の概要。
- **振り返りとポートフォリオの質問**
- **ワークライフ・ウェルビーイングの質問、トラッキング、評価**
- **さらなる貢献のために**：よりいっそうの貢献を目指すための5つの重要な方法を紹介。

謝辞

過去20年、私が執筆した書籍の制作進行を担当し続けてくれている、親愛なる友人であり本書の発行人であるピオ・ジャスクウィッズに大きな感謝を。超一流の出版人として、すべてのプロジェクトに関わってくれた。

本書の制作には多くの人が貢献してくれた。中でも次に名前を挙げる人は、私の身近なアドバイザーとして、本書をできる限り明確かつ簡潔なものにするために尽力してくれた。オリ・ブラフマン、チップ・コルバート、キム・グラディス、スティーブ・グラディス、マーガレット・グリーンバーグ、セニア・メイミン、アンディ・モニッヒ、アシュリー・ラス、コニー・ラス、ピーター・シムズ。

ニック・アルター、オーブリー・バーコウィッツたちのチームは、Contribify.comのウェブサイトやインベントリ、プロフィールの開発を主導してくれた。今後もこのウェブサイトがますます充実したものになることを願っている。

ドミニ・ドラグーン、クリサ・ラゴス、エミリー・ルース、ポール・ペッターズ、サルマン・サルワルなど、業界屈指のデザイン、編集、制作パートナーにも感謝する。

最後に、本書のアイデアや研究開発に貢献してくれたすべての方々に、心からの感謝を。

訳者あとがき

本書を手にとってくださった読者のみなさんの中には、自分にぴったりの仕事にめぐりあう方法を探している方が多いのではないでしょうか。

「自分にはどんな特性や強みがあるのだろう？」

「その特性や強みを仕事に活かすには、どうすればいいのだろう？」

「自分の能力を発揮しながら、世の中に貢献のできる仕事を見つけるには？」

そんな悩みを抱いて、本書のページを開いた人もいることと思います。


自分の強みを理解し、それを活かせる仕事を探すのは簡単なことではありません。

まして、「天職」と呼べる仕事にめぐりあうのは、並大抵のことではないはずです。

それでも、「自分に向いている仕事」を探すことは、私たちが一生をかけて追い求めるべき、とても大切なテーマです。

この重要なテーマに正面から取り組んだのが、本書です。

著者は、ベストセラーとなった『さあ、才能《じぶん》に目覚めよう　新版　ストレングス・ファインダー2・0』(古屋博子訳、日本経済新聞出版、2017年)や、『座らない！成果を出し続ける人の健康習慣』(牧野洋訳、2015年、新潮社)、『心のなかの幸福のバケツ』(ドナルド・O・クリフトンとの共著、高遠裕子訳、日本経済新聞出版、2005年)などの多数の著作で知られるトム・ラス。

著者は特に、祖父のドン・クリフトンとともに、誰もが自分独自の強みを見つけられるプログラム「ストレングスファインダー」を開発したことで知られています。

このテストを用いて、自分の強みの分析をした経験がある方も多いのではないでしょうか。

待望の新作となる本書で、著者は単に自分の才能や能力を活かして働くのではなく、**「自分の強みを活かしながら、世の中や他者に貢献すること」を意識して働くことこそが、人生を豊かにする秘訣である**と主張します。

つまり、世のため人のためという「貢献」の視点を持ち、最大限の貢献ができるようにするために自分の強みを知り、それを活かすことで、あなたは本当に向いている仕事を見つけられるというのです。

本書の原題である『*LIFE'S GREAT QUESTION: DISCOVER HOW YOU CONTRIBUTE TO THE WORLD*』（人生で重要な質問——世の中に貢献する方法を見つける）もそのことをよく表しています。

著者は**自分にとって最適な仕事は、めぐりあうものというより、長い年月をかけて自分の手でつくりだすもの**と述べています。

夢のような仕事を探して職を転々とするのではなく、**まずは今いる場所で誰かの役に立つことを最大限やってみよう**と呼びかけているのです。

そのことが、結果的に今の仕事から大きな喜びや充実感を得ることにつながり、気づいたときにはそれを最高の仕事だと感じるようになっている、というわけです。

著者は若い頃に医師から余命わずかであると告げられた経験から、限りある時間をいかに有意義に過ごすかという観点でこれまでの人生を生きてきたといいます。その過程で、現代の仕事は成果主義や能力主義に片寄っていて、人のために貢献する視点が欠けていることに気づきます。

「貢献」という視点で現代の労働をとらえ直すために、著者はチームを結成し、膨大なデータを基に、貢献の種類を「創造する力」「関係づける力」「実行する力」の大きく3つに分類。さらにこの3つの基本的な貢献をそれぞれ4つの具体的な貢献方法に分け、合計12の貢献を特定し、それぞれの特性を細かく分析しました。

本書の後半で詳しく説明されるこれらの貢献は、以下の通りです。

■創造する力

- 始める力――「物事を開始する」ことで貢献する
- 意見する力――「問題を提起する」ことで貢献する
- 教える力――「人を成長させる」ことで貢献する
- ビジョンを描く力――「チームの意識をまとめる」ことで貢献する

■関係づける力

・つなげる力――「埋もれた声を拾い上げる」ことで貢献する
・元気づける力――「周りの人を笑顔にする」ことで貢献する
・共感する力――「人の感情を察知する」ことで貢献する
・影響を与える力――「強い信念を貫く」ことで貢献する

■実行する力
・進める力――「計画通りに実行する」ことで貢献する
・達成する力――「周りの人の手本となる」ことで貢献する
・適応する力――「臨機応変に行動する」ことで貢献する
・広げる力――「よいものを周りの人と共有する」ことで貢献する

本書は、ウェブサイトと連携した構成になっています。

本書の巻末に記載されたアクセスコードを使い、本書のために開発されたウェブサイト「Contribify.com」にアクセスしてウェブページ上の質問に答えていくと、この12種類の貢献の中から、あなたに適した3つの貢献方法が明らかになります。

本書を読み終え、アクセスコードを使って自己診断をしたあなたは、どの3つが自分の資質だという回答を得たでしょうか。

この強みを活かす方法は、本書の後半に詳しく記載されています。ぜひ、自分の特性を理解し、日々の仕事を通して周りの人や世の中に大きな貢献をしてみてください。

著者は、私たちの価値は、どれだけ人の役に立っているかで測られる、と言います。私たちが持つさまざまな特性や強みは、人の役に立って初めて価値が生まれるのです。

また著者は、誰かの役に立っていると実感できると、私たちの心身は健康になり、幸福度が高まるとも述べています。

自分の強みを活かして能力を発揮しながら、人の役に立つこともできる。そのことで周りの人からも感謝され、自分も嬉しい気持ちになり、充実感を味わえる。

これほど素晴らしいこともありません。

読者のみなさんが、本書の内容を活用し、明日からの職場でますます充実した日々を過ごせるようになることを、心から願っています。

本書の翻訳にあたっては、ダイヤモンド社書籍編集局第二編集部の上村晃大氏からいくつもの的確なアドバイスと、温かく細やかなサポートをいただきました。深くお礼申し上げます。

ideological messages from leaders and beneficiaries. *Organizational Behavior and Human Decision Processes*, 116(2), 173–187.
https://doi.org/10.1016/j.obhdp.2011.06.005
38. Green, P., Gino, F., & Staats, B. R. (2017). Seeking to belong: How the words of internal and external beneficiaries influence performance (SSRN Scholarly Paper No. ID 2912271). Rochester, NY: Social Science Research Network.
https://papers.ssrn.com/abstract=2912271

第7章

39. Mark Twain Quotes. (n.d.).
https://www.brainyquote.com/quotes/mark_twain_118964
40. Indira Gandhi Quotes. (n.d.).
https://www.brainyquote.com/quotes/indira_gandhi_163281
41. Nelson Mandela - Oxford Reference. (n.d.).
http://www.oxfordreference.com/view/10.1093/acref/9780191843730.001.0001/q-oro-ed5-00007046
42. Eleanor Roosevelt Quotes. (n.d.).
https://www.brainyquote.com/quotes/eleanor_roosevelt_100940

第8章

43. To Kill a Mockingbird Chapter 3 Quotes Page 1. (n.d.).
https://www.shmoop.com/to-kill-a-mockingbird/chapter-3-quotes.html
44. 12 Great Quotes From Gandhi On His Birthday. (n.d.).
https://www.forbes.com/sites/ashoka/2012/10/02/12-great-quotes-from-gandhi-on-his-birthday/#74602aa633d8
45. Maya Angelou Quotes. (n.d.).
https://www.brainyquote.com/quotes/maya_angelou_392897
46. Cannizzaro, A. (n.d.). Anne Frank - International Holocaust Remembrance Day.
https://www.biography.com/news/anne-frank-international-holocaust-remembrance-day

第9章

47. Albert Einstein. (n.d.).
https://www.buboquote.com/en/quote/4481-einstein-out-of-clutter-find-simplicity-from-discord-find-harmony-in-the-middle-of-difficulty-lies
48. Judy Garland Quotes. (n.d.).
https://www.brainyquote.com/quotes/judy_garland_104276
49. Stephen Hawking Quotes. (n.d.).
https://www.brainyquote.com/quotes/stephen_hawking_378304
50. Benjamin Franklin Quotes. (n.d.).
https://www.brainyquote.com/quotes/benjamin_franklin_387287

25. Surveys of 1,023 respondents conducted using Google consumer surveys. (n.d.). Google methodology.
http://services.google.com/fh/files/misc/white_paper_how_google_surveys_works.pdf
26. Surveys of 1,503 respondents conducted using Google consumer surveys. (n.d.). Google methodology.
http://services.google.com/fh/files/misc/white_paper_how_google_surveys_works.pdf
27. Surveys of 1,063 respondents conducted using Google consumer surveys. (n.d.). Google methodology.
http://services.google.com/fh/files/misc/white_paper_how_google_surveys_works.pdf
28. Harris, M. A., Brett, C. E., Johnson, W., & Deary, I. J. (2016). Personality stability from age 14 to age 77 years. *Psychology and Aging*, 31(8), 862–874.
https://doi.org/10.1037/pag0000133
29. Spiegel, A. (2016, June 24). Invisibilia: Is your personality fixed, or can you change who you are?
https://www.npr.org/sections/health-shots/2016/06/24/481859662/invisibilia-is-your-personality-fixed-or-can-you-change-who-you-are

第4章

30. Longest ever personality study finds no correlation between measures taken at age 14 and age 77. (2017, February 7).
https://digest.bps.org.uk/2017/02/07/longest-ever-personality-study-finds-no-correlation-between-measures-taken-at-age-14-and-age-77/
31. Howell, R. T., Ksendzova, M., Nestingen, E., Yerahian, C., & Iyer, R. (2017). Your personality on a good day: How trait and state personality predict daily well-being. *Journal of Research in Personality*, 69, 250–263.
https://doi.org/10.1016/j.jrp.2016.08.001
32. Kaufman, S. B. (2016, August 5). Would you be happier with a different personality? The Atlantic.
https://www.theatlantic.com/health/archive/2016/08/would-you-be-happier-with-a-different-personality/494720/
33. Wrzesniewski, A., Berg, J. M., & Dutton, J. E. (2010, June 1). Managing yourself: Turn the job you have into the job you want. Harvard Business Review.
https://hbr.org/2010/06/managing-yourself-turn-the-job-you-have-into-the-job-you-want
34. Cooks Make Tastier Food When They Can See Their Customers. (n.d.).
https://hbr.org/2014/11/cooks-make-tastier-food-when-they-can-see-their-customers
35. Gino, F. (2017, March 6). To motivate employees, show them how they're helping customers. Harvard Business Review.
https://hbr.org/2017/03/to-motivate-employees-show-them-how-theyre-helping-customers
36. Grant, A. M. (2008). The significance of task significance: Job performance effects, relational mechanisms, and boundary conditions. *Journal of Applied Psychology*, 93(1), 108–124.
https://doi.org/10.1037/0021-9010.93.1.108
37. Grant, A. M., & Hofmann, D. A. (2011). Outsourcing inspiration: The performance effects of

13. Fradera, A. (2017, July 4). Small acts of kindness at work benefit the giver, the receiver and the whole organisation.
https://digest.bps.org.uk/2017/07/04/small-acts-of-kindness-at-work-benefit-the-giver-the-receiver-and-the-whole-organisation/

第 2 章

14. Bryson, A., & MacKerron, G. (2017). Are you happy while you work? *The Economic Journal*, 127(599), 106–125.
https://doi.org/10.1111/ecoj.12269
15. Pfeffer, J. (2018). *Dying for a paycheck: How modern management harms employee health and company performance—and what we can do about it*. New York, NY: HarperCollins.
16. Chandola, T., & Zhang, N. (2018). Re-employment, job quality, health and allostatic load biomarkers: prospective evidence from the UK Household Longitudinal Study. *International Journal of Epidemiology*, 47(1), 47–57.
https://doi.org/10.1093/ije/dyx150
17. Surveys of 1,099 respondents conducted using Google consumer surveys. (n.d.). Google methodology.
http://services.google.com/fh/files/misc/white_paper_how_google_surveys_works.pdf
18. Hill, P. L., Turiano, N. A., Mroczek, D. K., & Burrow, A. L. (2016). The value of a purposeful life: Sense of purpose predicts greater income and net worth. *Journal of Research in Personality*, 65, 38–42.
https://doi.org/10.1016/j.jrp.2016.07.003
19. Doing Good Is Good For You - 2013 Health and Volunteering Study - UnitedHealth Group. (n.d.).
https://www.unitedhealthgroup.com/content/dam/UHG/PDF/2013/UNH-Health-Volunteering-Study.pdf

第 3 章

20. Rath, T., & Harter, J. K. (2010). *Wellbeing: The five essential elements*. New York: Gallup Press.
21. Kahneman, D., Krueger, A. B., Schkade, D. A., Schwarz, N., & Stone, A. A. (2004). A survey method for characterizing daily life experience: The day reconstruction method. *Science*, 306(5702), 1776-1780.
https://doi.org/10.1126/science.1103572
22. Surveys of 1,034 respondents conducted using Google consumer surveys. (n.d.). Google methodology.
http://services.google.com/fh/files/misc/white_paper_how_google_surveys_works.pdf
23. Missionday, (n.d.). Resource 4: Your Unique Purpose(s)
https://contribify.com/wp-content/uploads/2019/05/Contribify-Resources-4.pdf
24. Surveys of 1,016 respondents conducted using Google consumer surveys. (n.d.). Google methodology.
http://services.google.com/fh/files/misc/white_paper_how_google_surveys_works.pdf

参考文献

第1章

1. Maddock, I. R., Moran A., Maher, E. R., Teare, M. D., Norman, A., Payne, S. J., Whitehouse, R., Dodd, C., Lavin, M., Hartley, N., Super, M. and Evans, D. G. (1996). A genetic register for von Hippel-Lindau disease. *Journal of Medical Genetics*, 33(2), 120-127.
https://doi.org/10.1136/jmg.33.2.120
2. Turner, J. K., Hutchinson, A., & Wilson, C. (2018). Correlates of post-traumatic growth following childhood and adolescent cancer: A systematic review and meta-analysis. *Psycho-Oncology*, 27(4), 1100-1109.
https://doi.org/10.1002/pon.4577
3. Anders, G. (2013, September 4). Need a career tuneup? Gallup's Tom Rath has a quiz for you. Forbes.
https://www.forbes.com/sites/georgeanders/2013/09/04/how-gallup-hit-a-goldmine-with-strengthsfinder/#4c0fa083fb03
4. Rath, T. & Conchie, B. (2009). *Strengths based leadership: Great leaders, teams, and why people follow.* New York: Gallup Press.
5. StrengthsFinder 2.0 Gallup. (n.d).
https://www.gallupstrengthscenter.com/home/en-us/strengthsfinder (February 11, 2019)
6. Rath, T. (2007). *StrengthsFinder 2.0.* New York: Gallup Press.
7. Simon, M. D., & Dzhanova, Y. (2018, January 14). A guide to celebrate MLK Day across the country.
https://www.nbcnews.com/news/nbcblk/martin-luther-king-jr-day-wayscelebrate-honor-mlk-s-n837656
8. CHANGE LIFE. (n.d.). It's what you can contribute.
https://www.youtube.com/watch?v=WRYRBGX4lVM
9. Chancellor, J., Margolis, S., Jacobs Bao, K., & Lyubomirsky, S. (2018). Everyday prosociality in the workplace: The reinforcing benefits of giving, getting, and glimpsing. *Emotion*, 18(4), 507–517.
https://doi.org/10.1037/emo0000321
10. Aaker, E. E. S., Jennifer. (2016, December 30). In 2017, pursue meaning instead of happiness. The Cut.
https://www.thecut.com/2016/12/in-2017-pursue-meaning-instead-of-happiness.html
11. Christov-Moore, L., & Iacoboni, M. (2016). Self-other resonance, its control and prosocial inclinations: Brain-behavior relationships. *Human Brain Mapping*, 37(4), 1544-1558.
https://doi.org/10.1002/hbm.23119
12. Aknin, L. B., Barrington-Leigh, C. P., Dunn E. W., Helliwell, J. F., Burns, J., Biswas-Diener, R., Kemeza, I., Nyende, P., Ashton-James, C. E., Norton, M. I. (2013). Prosocial spending and well-being: Cross-cultural evidence for a psychological universal. *Journal of Personality and Social Psychology*, 104(4), 635–652.
https://doi.org/10.1037/a0031578

［著者］

トム・ラス（Tom Rath）

ベストセラー作家。著書は『さあ、才能（じぶん）に目覚めよう　新版　ストレングス・ファインダー2.0』（日本経済新聞出版）、『ストレングスリーダーシップ　さあ、リーダーの才能に目覚めよう』（バリー・コンチーとの共著、日本経済新聞出版）など10冊におよび、合計1000万部以上を売り上げる。
ミシガン大学とペンシルベニア大学で学位を取得。ギャラップ社に13年間勤務し、強み、従業員エンゲージメント、ウェルビーイング、リーダーシップに関するコンサルティングを世界各地で展開。その後、ギャラップ社のシニアサイエンティストを務める。バージニア州アーリントン在住。

［訳者］

児島修（こじま・おさむ）

翻訳者。立命館大学文学部卒（心理学専攻）。主な翻訳書に『自分の価値を最大にするハーバードの心理学講義』（大和書房）、『SWITCH　オートファジーで手に入れる究極の健康長寿』（日経BP）、『DIE WITH ZERO　人生が豊かになりすぎる究極のルール』（ダイヤモンド社）など。

「向いてる仕事」を見つけよう

――「人の役に立つ12の資質」から自分の強みがわかる

2021年5月11日　第1刷発行
2023年12月27日　第2刷発行

著　者――トム・ラス
訳　者――児島修
発行所――ダイヤモンド社
〒150-8409　東京都渋谷区神宮前6-12-17
https://www.diamond.co.jp/
電話／03-5778-7233（編集）　03-5778-7240（販売）
ブックデザイン―小口翔平＋奈良岡菜摘＋須貝美咲（tobufune）
装丁イラスト―タケウマ（Studio-Takeuma）
DTP―――一企画
校正――――鷗来堂
製作進行――ダイヤモンド・グラフィック社
印刷・製本―三松堂
編集担当――上村晃大

ISBN 978-4-478-11229-8